概念と生

ドゥルーズからアガンベンまで

多賀 茂

Shigeru Taga

Les Concepts et la vie

De Deleuze à Agamben

名古屋大学出版会

はじめに

本書で扱う諸概念は、私がこの二〇年来原典や翻訳を通して読み親しんできた様々な哲学者や思想家たちが、彼らの著作の中で使用し提案している数多くの概念のうち、「世界が違って見える」と思わずつぶやいてしまった概念を選んだものである。私の場合、哲学者や思想家が考えたことを理解するには一定の過程とある程度の時間が必要である。著作を読み、解説書や研究書を読み、それですぐに「わかった」という気になることはほとんどない。読み始めても、どこかで立ち止まってしまう。本当のところ何を言いたいのか、なぜこのようなことを言っているのか、なぜこのような言い方をしているのかと考えてしまう。また読み進んでみるが、また立ち止まる。そうしたことを何度か繰り返した後、しばらくの間その著作のことは横に置いて、他の著作を読んでみる。あるいは他の哲学者の著作を読む。すると、ある種の忘却とともに、思想の骨格のようなものが見えてくることがある。日常の生活で出会う事件や風景や、あるいは自身の感情など、そんなものが何かしらのひらめきを与えてくれるのだろう。そうなると、心強い。その骨格を道しるべにしながら、もう一度その哲学者の著作に取り組んでみると、今までなぜか合点がいかなかった言い回しや言葉使いの中に込められた意図が見えてくる。そのまま読み進み、最後までたどり着いた頃には、書き手の心の中にあった何かしら非常に重要なものをしっかりと捉えた感覚がわき上がってくる。「わかった」、「これはすごい概念だ」、そしてついには「世界が違って見えるではないか」といった感慨に襲われることになる。その間、五年や六年、あるいは一〇年ほども時間がたってしまっていることもある。私にとって哲学的思考とは、こんな風に、日常の時間とは違う次元で進行しつつ、また同時に日常へと戻る作業の繰り返しである。おそらく、それぞれの哲学者についての専門家が語っている内容とは違うことをこれから私は言うことになるだろう。そちらを否定するつもりは毛頭ない。アカデミックな研究の重要さは心から認めている。私自身もそうした研究を行ってきた。ただ、「哲学をするために、こんなやり方があっても良いのではないか」という気持ちで書いている。

とはいえ、哲学者の書いたものを読んで本当に世界の見え方が変わり、さらに言えば人生が変わることがあるのだろうか。「概念と生」というタイトルを本書につけたが、ここで言う「生」とは、「人生」という言葉が通常意味するような、ある職業を選択したり、結婚したりしなかったりというような、いわゆる「人の一生」のことではない。現実に日々暮らす中で自身の周囲に見出される物たちや者たちとどのような関係を持ち、その関係にどのような働きかけをしているかというような意味で使っている。動物的な次元での生である「ゾーエ」と、人間的な次元の生つまり社会的な生としての「ビオス」という対比が古代ギリシアにはあったが――そしてそれをジョルジョ・アガンベンがさらに繊細に区別したが――、私の言う「生」は両者の中間とも言えるだろう。そして哲学的「概念」はまさにそうした次元での「生」に影響を与えることができる、ということを本書は主張する。万人に向けて人生論を述べようなどとは毛頭思っていない。身の回りの世界がこれまでとは違って見え始め、そこから何らかの変化が私たちの生に生じることだけを本書は目指している。あるいはむしろこう言うべきかもしれない。その概念を理解するということが、世界を違うように見、これまでとは違う生を生きることになるような概念を本書は取り上げていると。私が選んだ概念の創造主は、ジル・ドゥルーズ、ミシェル・フーコー、ロラン・バルト、ジャック・ラカン、フェリックス・ガタリ、そしてイタリアからアガンベンといった人たちである。もっと古い時代の人たち、あるいは同時代でも例えばドイツやイギリス・アメリカなどにも「生に影響を与える概念」を創造した人たちはいるだろう。しかし、そうした人たちについて書くためには、私はもう一回人生を生き直さなければならない。哲学とは、それほど時間のかかることなのである。

第1章から第10章まで、順に読んでいただいても良いし、ばらばらに一章ずつ読んでいただいても結構である。このうち、はじめの四章は、私たちの目を覚まさせる力を持った四つの概念について語っている。世界に対する、あるいは自分自身に対する私たちの視線そのものを変えてしまうような概念。そんな力を持った概念として私が選び出したのは、ドゥルーズの「生成変化」、フーコーの「エピステーメー」と「ミクロ権力（規律権力と生権力）」、そしてラカンが新たな意味を与えた「シニフィアン」である。残りの六章は、私たちの生そのものの変更を求めるような概念、バルトの「中立的なもの」、ラカンの「四つの言説」、ガタリの「リトルネッロ」、フーコーの「パレーシアと別の生」、ドゥルーズの「内在」、そしてアガンベンの「残りの時」について語っている。終章では、全体の内容を引き受けながら、私自身の考える「宇宙の中の人間」について述べるつもりである。

＊先に示唆したように、本書は通常の意味でのアカデミックな著作であることを目指していない。細かな注はあえてつけず、なるべく本文中ですべてを語るようにしている。引用は、出典とページ数を明記するにとどめ、基本的に邦訳があるものはそれだけを挙げているが、どうしても原典を引用する必要がある場合のみ原典も挙げている。また引用文中の〔　〕は多賀によるものである。

目次

序　章　概念とは何か

「概念」とは何か。この世の様々な事象について考えようとする時、普段の生活の中で使っている言葉ではどうしても表せないようなことを言う必要が生じることがある。例えば、「愛」という言葉はどうだろう。「好きです」とか「一緒にいたいです」とかという気持ちの中にある何かとても重要な感情をどう表せば良いのか。「愛」という言葉がそれを表しているとしたら、それこそが「概念」ということである。「概念」は抽象的なものであると辞書的には説明されそうである。なるほど「抽象する」とは、現実の様々な事象から具体的な個別の特徴などを取り払ったあとに残るものを抽出することである。しかしその残ったものが「現実的ではない」ということはない。「概念」は「生」と直に関わっている。さらに言えば「概念」は「生」を変える力を持っている、というのが本書の主張である。すべての概念というわけではない。概念はあくまでも「哲学的にものを考える」ための道具である。しかし概念の中には、それを理解した途端、私たちの生に大きな影響を及ぼす力を持つ概念がある。

例えば、古代ギリシア・ローマ世界で大きな勢力を誇ったストア派という哲学の一派に「非物体的なもの」という概念があり、さらにその範疇に入るものとして「(言語によって) 表されたもの (レクトン)」という概念がある。「非物体的なもの」とは「物体」のように重さや広がり等の実質を持たないものと考えれば良いだろう。「(言語によって) 表されたもの (レクトン)」とはまさにその通り、何らかの言葉によって表されている意味あるいは指示されているものと考えれば良いだろう。どちらも言葉の意味としては、さほど難しいものではない。しかし「表されたもの (レクトン)」などという概念をなぜわざわざ「非物体的なもの」の範疇に入れているのかということは、なかなか納得できない。実はこの概念を導入していることと、ストア派の言語論とは深く関わっている。いや言語論だけではない。ストア派の実践的哲学としての側面、つまり現実の生に触れようとする側面に深く関わっている。彼らによれば、この世界では物体に何らかの事件が起きた時、非物体的なものの次元でも何らかの事件が起きている。誤ってナイフで手を切ってしまったとしよう。その時「表されたもの」の次元でも、「手」に「切られている」という属性が加えられるという一つの事件 (出来事) が起き、「切られている手」という新たな状況が生じているのである——これがドゥルーズの言う「効果」の次元、「準—原因」の世界であり、ここにおいて「ナイフを滑らせてしまったこと」は、「手を切ってしまうこと」の「因果的な」原因ではない。さて、このことを理解したなら、そしてこの「表されたもの」の世界でものを考えることができるようになれば、私たちは「ナイフを滑らせてしまった」ことを悔やむ必要はなくなるだろう。たとえ「傷」そのものはなくならないとしても、少なくとも「ナイフを滑らせてしまった」ことは「傷」の原因ではないのだから。さらに言えば、怪我したことを騒ぎ立てる必要もなくなるだろう。「傷」は「痛み」や「出血」の原因ではないのだから。私たちは痛みにも耐えられるだろう。というよりも、「耐える」という必要さえもなくなるだろう。「痛み」は「表されたもの」にすぎないのだから。

メスが肉を切り裂くとき、第一の物体「メス」は、第二の物体「肉」の上に、新たな特質ではなく、新たな属性、〈切られる〉という属性を産出するのである。（中略）属性はつねに動詞によって表現される。これは、属性が〈存在〉ではなく、〈存在の仕方〉(manière d'être)、つまりストア派の人々によって彼らのカテゴリーの分類のなかの〈様態《ポース・エコン》〉と呼ばれるものであることを意味する。この〈存在の仕方〉は、言わば存在の限界、表面にあり、またそれは、存在の本性を変化させることができない。（エミール・ブレイエ『初期ストア哲学における非物体的なものの理論』二五〜二六ページ）

正直なところ私自身はまだとてもこんな境地に達していない。血が出れば「痛い、痛い」と騒いでしまう。とはいえ、ストア派の哲学にはそうした人間の生における「苦」を平然とやり過ごすための言わば処方箋のようなものが含まれている。「表されたもの」という概念は、たとえそんな境地に完全に達しなくとも、いくばくかは「困難や苦痛に対して強い人間」に私たちを変容させてくれる力を持った概念なのであり、「ストア派的な」という意味の「ストイックな」という形容詞が意味しているのは、まさにそうした「強さ」なのである。あとは、私たち自身が私たち自身の生を「表されたもの」という概念にどれだけ一致させることができるかどうか、つまり私たちの「生を変える」ことができるどれだけできるか、ということである。

さらに「概念」について考えてみよう。

先にも名前を出したドゥルーズは、最晩年の著作『哲学とは何か』の中で、「哲学とは諸概念を形成」することだと述べている（『哲学とは何か』八ページ）。確かに、彼の主要な著作は初期の『意味の論理学』や『差異と反復』からずっと、様々な概念を提示し続けてきた。そして難解なことで知られる『千のプラトー』などはまさに「諸概念の書」とでも言って良いほどいくつもの概念がずらりと並んでいる。「概念と生」について書こうとする時、私が依拠しているのもドゥルーズが「概念」について語っていることである。まず彼が言うのは、概念は常にそれ自体が多様な要素からなり、また常に他の諸概念とつながっているということである。

　単純な概念というものは存在しない。あらゆる概念は、いくつかの合成要素をもち、それらによって定義される。（同書、二九ページ）

至極当たり前のようだが、意味していることはなかなか深い。その概念を構成する要素のレベル（いわゆるデカルトのコギト「私は考える。ゆえに私は存在する」であれば、「私」、「考える」、「存在する」など）においても、またその概念と併存する他の概念のレベル（例えばデカルトが提示した他の概念）においても、一つの概念は独立して存在しているわけではない。哲学者がある一つの概念を提示する時、その概念はその哲学者の思想全体の中で機能している。いわば自分が生きているこの世界をその哲学者がどう捉えているか、その哲学者が世界とどんな関係を取り結んでいるかという事実の全体の中で、一つひとつの概念は機能しているのである。ある一つの概念について語ろうとする時、私たちは常にその概念を作り出した哲学者の思想全体を見渡しながら語る必要があるということでもある。「概念」には「署名」（つまりそれを作り出した哲学者の名前）がついていると言われる所以である。しかもその哲学者自身もまた、歴史ある世界のうちに生き、その世界の中で独立して存在しているわけではないのであるから、「概念」は「歴史」も持っているということになる（同書、三三ページ）。

またドゥルーズは、哲学の「概念」すなわち「コンセプト（concept）」をそれに隣接する科学や論理学の「プロスペクト（prospect）」、芸術の「ペルセプト（percept）」と比較している。次にこれらを一つひとつ見ていきたいのだが、その前に、ドゥルーズを語る上での一つの大前提について述べておかなければならない。さきほど、哲学者とその世界との関係という言い方をしたが、ドゥルーズにとっての世界は、まず何よりも「カオス」つまり様々な力や要素が混じり合いながらお互いに作用を及ぼし合っている状態である。彼の哲学は、人間がこのカオスにどんな作用を及ぼし、このカオスからどんな影響を受けているのかを考えることから始まっている。そのカオスに対して科学や論理学はある種の還元を行う。つまり速度や密度などのような世界を構成する要素に何らかの関数を当てはめ、その数を減らし、その結果世界を見やすくする、言い換えれば「見通し（プロスペクト）」をつけるというわけである。ドゥルーズが挙げている例ではないが、例えば相対性理論の発見によって、宇宙は何によっても限定されない無限の広がりという途方もない状況から、無限ではあるが光の速度という限界を持つ状況へと変貌を遂げたと言えるだろう。一方芸術は、世界を人間へと近づける。言い換えれば、人間的な世界、人間のにおいのついた世界へとカオスを変容させる。人間は世界を知覚するのだが、その際に人間が世界をどのように見るかということは単に人間の側だけの問題ではない。世界の側にも「現実に」――もちろん実際の物理的な形が変わるというわけではない――変化が生じる。セザンヌが山を描いた時、山は「セザンヌによってそのように描かれた」山になる。山を描いたセザンヌのタブローには、たとえ人間が描かれていなくても、人間が「いる」。これが「ペルセプト」であり、その際人間の方に起こっている変化が「アフェクト」――ただし「アフェクト」は人間が受けるすべての影響のことであり、芸術からの影響に限らない――である。知覚（ペルセプション）は人間が主体として行う行為だが、ペルセプトにおいては人間はもはや風景の中にいる。

被知覚態《ペルセプト》が自然の非人間的な風景であるとすれば、変様態《アフェクト》はまさしく、人間の非人間的な「人間ではないものへの」生成である。（同書、二八五ページ）

禅問答のようなこうしたドゥルーズの文章が意味しているのは、今述べた山が人間へと近づき、人が山へと近づく事態、まさに出来事のことなのである――「自然の非人間的な風景」と言われているのは、「風景」が本来は人間が見ているものという意味で「人間的」だからである。ただこのことについてここで深入りすることはしないでおこう。「生成変化」についての章で詳しく述べたい。

「概念」に戻ろう。哲学の「概念」は世界とどういう関係を取り結ぶのか。「概念（コンセプト）」は「内在平面」と関わっているとドゥルーズは言う。「内在」については本書の第9章で詳しく語るつもりだが、仮にここでは、あらゆる現実の存在（つまりカオス）の形態に対して「すでにそうあるはずであった」とする関係性であるとしておこう。「平面」というのもドゥルーズがよく使う概念であるが、カオスに対する「切り口」のことと考えて良い。とすると「概念」によって私たちは、カオスに対してある種の切り方をすることで、カオスの中に表れているそれぞれの形態があらかじめそこにあったものだとしていることになる。「概念」とは、この世界にもともと含まれていた本来の姿――もちろんそうした姿は一つではなく、概念によって「様々な（多様な）」「本来の」姿があることが明らかにされるのであるが――を出現させるものだと言えるだろう。

実例に即しながら考えてみよう。私が今、町の中の道を歩いているとする。周りには家が建ち、街路樹がある。道には自動車が走っている。人も歩いている。桜の季節も終わりになり、薄紅色の桜の花びらが道に落ちて美しい模様を作っている。科学の目からすれば、世界のこの一場面に起きていることはすべて何らかの数式で表せるはずである。例えば自動車が通過する音が、家々の壁に反射しながら私に聞こえている様は、大学入試程度の物理学の知識によってでもある程度表現できるだろう。

確かに科学は、複雑なものを単純化する機能を持っているように思われる——もちろん、このことは科学が難しくないということを決して意味しない。この単純化の作用はとてつもなく理解困難な計算や公理・定理などを駆使して初めて実現するものであろう。一方画家がこの道を描く時に起こっていることは、全く異なった出来事である。画家は道の完全なコピーを作ることはない。画家は何らかの形でデフォルメしながら道を表現する。その時描き出された道は、しかし単に画家の想像力だけによって現れ出ているのではなく、現実にそこにある道の中にあった何らかの要素が画家の目によって捉えられ、導き出されてきたものでもある。画家だけではない。小説家や詩人がその道を描写した際にも同様のことは起こっている——完全な虚構である場合は、ここではとりあえず脇に置いておきたい……「完全な」虚構というものも本当はありえないのだが。では哲学の概念はこの情景に対してどう関わることができるのだろうか。例えば、本書で扱う概念の一つにフーコーの「エピステーメー」というものがある。詳しくは第2章で語るつもりだが、この概念によれば、私たちの周囲に存在するおよそすべての直接的・間接的に人間の手の入った物は、歴史的時間の流れの中で蓄積されながら働いている知の総体を背景にして、そうした知の総体の働きの結果として、出現していると考えられる。私の目の前に連なっている街路樹の様子さえも、日本における樹木と人間の関係に西欧的な自然観・都市観が付け加わるという大きな知の変動の結果として実現しているという風に見えてくる。街路樹だけではない。走っている自動車も建っている家も、さらに言えば歩いている人間たちでさえも、知の総体の歴史的変動の結果として生じているのだと見えてくる。山でさえも川でさえもその変動の中で姿が形作られてきたと言えるだろう。例えば京都に住む人間であれば、東山や嵐山の姿に人間の手が入っていることはごく当たり前に感じ取っている。鴨川もそうだ。では海はどうだろう。瀬戸内海を目にすると、私はそんなことが納得できるような気がするが、太平洋ではどうなのか。いや、やはりそこにもエピステーメーがありそうだ。少しでも知的好奇心のある人ならば、そうした変動がどんなものだったのかを知りたくなってくるだろう。そしてその変動には膨大な文献資料が対応しているはずだとしたら、それはどんなものだろうと知りたくなってくる。「エピステーメー」という概念は、私たちを知的冒険心の塊のように変え、私たちの生の経験を大きく変容させる力を持っているのである。

「プロスペクト」のようにカオスの複雑さを還元するのでも、「ペルセプト」のようにカオスを人間的な領域へと（と同時に知覚のカオスを自然へと）引き出すのでもない。「コンセプト（概念）」は、カオスの中に内在しているにもかかわらず普段は気づかずにいる、ある何らかの本質を切り出し、そのことによって私たちの生に変容をもたらすのである。

では哲学者たちはどのようにしてそうした概念を作り出すのか。先に「概念はその哲学者の思想全体の中で機能している。いわば自分が生きているこの世界をその哲学者がどう捉えているか、その哲学者が世界とどんな関係を取り結んでいるかという事実の全体の中で、一つひとつの概念は機能している」と述べた。ある一つの概念を理解しようとする時、私たちはその哲学者の生そのものをも考慮しなければならないのである。その人物がどのような人生を送ったのか、どのような活動を行ったのか、どのような人間関係を持ったのか。いや、そうした表面に現れたことだけではない。さらに哲学者がどのような身体を持っていたのか。哲学者の無意識がどんな構造をしていたのか。こうしたことすべてを貫いて、哲学者がはたしてどんな問題と常に直面していたのかを。このようなことすべてが一つの概念の理解には関わってくる。私自身、かつてフランスに長く住んでいた時期があり、ドゥルーズやフーコーの授業を受けていたことがあった。目の前にいるドゥルーズやフーコーは、確かに強烈な個性を放っていた。とりわけ彼らそれぞれの話し方から受けた印象は、その場にいなければとても伝えることができないようなものだった。例えば、肉体の重みをほとんど感じさせないような鼻にかかったドゥルーズの声。いったん鼻で息が止まって、そこから身体内部の力で噴出してくるようなフーコーの声。そうした声が語っている当の内容を必死で理解しようとしている聞き手の脳に対して、彼らの声が持っている力はどれほど強烈であっただろうか。ドゥルーズはよく「表面の効果」という言い方をする。それはストア派の「レクトン」という概念から継承した概念だったが、ドゥルーズの声は、まさしく肉体の重さとは関わりのないような次元で響いていると思わせる、「表面」の次元に浸透する声であった。力があるはずのないような響きであるのに、どこまでもこちらに浸透してくる声、「よく通る声」「美声」などといった次元とは違うところで響いてくる声であった。フーコーの声もまた独特かつ強力な響きを持っていた。周囲のカオスを切り分け、空間を貫通するような声だった。

では、実際に会うことのできない哲学者、例えばその死によってもはや会うことのかなわない哲学者、その身体のあり方や声の響きを自らの身体を通して体験することがもはやかなわない哲学者についてはどうしたらよいのだろうか。たった今ドゥルーズやフーコーについて述べたような「直接的な」「身体的な」理解をそうした哲学者について得ようとすることは不可能なのだろうか。いや、そうではない。すでに死んだ哲学者の身体に私たちは触れることができる、と言っておこう。その哲学者が書いた文章の「文体」を通してである。

文体とは何か。「文は人なり」という格言は、実は「文体は人そのものである」という一八世紀フランスの博物学者ビュフォンの言葉によっている。ただし文によって書かれている内容が大事であるとか、文章のうまい下手がその人の品格を表すとか、そういう意味ではない。古代ギリシア・ローマの文化を最高の理想と考えた古典主義時代にあって、「文の内容はすでにすべて語られている。文体だけが書き手が創造できるものである」ということを意味する文章であった。一九世紀のロマン主義や象徴主義、二〇世紀のモダニズムやポストモダニズムを経た現代においてさえ、私たちは「すでにすべてが語られている」といった感覚は持っていないと思うが、とりわけ小説家や詩人において文体が文の書き手の個性を表す重要な要素であるということには多くの人が賛同できるであろう。ただそれが哲学者ということになるとどうだろうか。哲学は何か普遍的なもの、個人的な思考や時代性・地域性などを超えたところにあるものだと普通は考えられているのではなかろうか。確かに哲学の概念にはそうした面がある。そうでなくては「哲学」と名乗れないだろう。しかし、その哲学的概念がいかにして生まれてきたのかということになると、話は別である。哲学的概念は、ある一人の哲学者によって、ある特定の日時に、特定の場所で、創造されるものである。何の日付もない概念、何の出生地もない概念など存在しない――もちろん、少しずつ練り上げられ推敲されるという過程はあるにしても。先にドゥルーズを参照しつつ述べた、概念には署名がついているということには、さらにこうした事実が付随している。ある特定の日付とともに、ある特定の場所の指定とともに、署名はなされるのだから。だとすると、その署名は哲学者がその時自ら携えていた身体とともに行われることになる。概念は、哲学者の身体とともにこの世に生まれ出ると言って良いだろう。そして文体こそが、そうした事情、つまり哲学的概念が哲学者の身体を通して、ある特定の日時・場所で生まれたことの証拠であると私は考えている。しかも、「文体」と普通訳されているstyleというフランス語が持っている意味の範囲は非常に広い。ビュフォンの文章においても、いわゆる「文章の書き方の特徴」といった狭い意味ではなく、「議論の進め方、配置の仕方」も含んでいたことを思い出しておかなければならないだろう。アガンベンについて私は、第10章「残りの時」のはじめで言い訳めいたことを書いている。私にとってアガンベンは、会ってもいない人、原文を読んでいない人、したがって翻訳を通じてしか知らない人である。ところが私は彼の「思考のスタイル」を感じ取った時から、彼の思考を理解できるようになった。イタリアにユダヤ人として生まれた彼が古代のギリシアやローマと「地続き」でつながった場所に立っていることを実感したのである。

たとえ現代のようにパソコンで文章を書くようになったとしても、文章は手を使いながら書く。たとえ頭の中で文章を考えていたとしても、そこには声——たとえ発声されていないとしても——という要素が存在している。手を通して、私たちはペンや紙やあるいはキーボードやディスプレイにつながり、物質的なこの世界へと組み込まれている。声を通して、私たちは言語の体系へとつながり、意味の世界へと組み込まれている。こうして人生のある日、哲学者がその身体でもって、見えるものの世界と意味の世界とにつながりながら、一つの概念を言葉として表現する時、その言葉もまたある一つの身体を持って生まれてくる。それが文体である。それぞれの章で詳しく語るつもりであるが、ドゥルーズの文体、フーコーの文体には、決定的と言って良いほど、彼らが提示する概念との類似性もしくは親和性がある——あるいはラカンの文体もまた、彼の提示する概念と深く関わっている。哲学者の書いた原文を読むというのが、哲学研究の本筋であるのは、文体という「概念の身体」とも言うべき要素からたとえ少しであっても何か概念の最も重要な部分に関わる情報を得ることが、学術的研究あるいは実証的研究という姿勢を取るにあたってさえも、不可欠であるということなのである。

もちろん、翻訳でそうした情報がすべてなくなってしまうというわけではない。優れた翻訳者は、かならずもとの哲学者の文体を感じ取り、それを完全にではないにしても日本語に乗せる能力を持っている。例えばフーコーの著作を多く翻訳している田村俶氏などは、その典型であろう。『狂気の歴史』の原文を読んだことがある者なら、これを日本語に翻訳することがどれほど難しいかを痛感したはずであるが、田村氏はそれをあたかも平然とやってのける——いちど田村氏に直接尋ねたことがあるが、どうやら片方にフーコーの原著、片方に原稿用紙を置くと、自然に文章が浮かんでくるらしい。あの、若き日のフーコーの思いのたけが凝縮された文体が見事に日本語になっているさまは感動的でさえある。こうして、たとえ本人に直接会うことがかなわなかった哲学者や思想家に関しても、私たちは彼らの文体を通じて、彼らの身体に触れることができるのである。まず文を読むこと、わかりやすさや目新しさをはじめから求めないこと、合点がいかないままでも、とにかく文のリズムや言葉の響きに耳を傾け、同調し、読み続けてみること。そんな繰り返しの中で、私たちは哲学者の身体に触れるような経験を持つことになるのである。

第1章　生成変化（ドゥルーズ）

これから私が選んだ一〇の概念について語っていくつもりだが、なぜその第1章がドゥルーズなのか。まずそのことから話していきたい。なぜなら、この本を書くに至る長い道のりの、その発端はドゥルーズにあるからである。

私が初めてドゥルーズの姿を見、声を聞いたのは、今からかれこれ四〇年近く前の一九八四年のことだった。パリの北に位置する郊外都市サン・ドゥニにあるパリ第八大学のキャンパスは巨大かつ雑然としていて、授業が行われている教室までたどり着くのさえ困難だった――だいたいにおいてパリの大学は、教室を探し当てるのが難しい。ひょっとしたら意図してそうやっているのではないかと疑いたくなるくらいで、例えば新しい敷地に建て直した第七大学でも、古い製粉工場の建物を生かした素晴らしい設計であるにもかかわらず、実際にどこかの教室へ行けと言われてみると、相当苦労する。「知」というものは、そう簡単に得られるものではないのだよということを建物によって表現しているのかと勘ぐりたくなってくる。とにかく、あちこちうろうろしながらやっと教室に着いてみると、中は満員。それだけではなく、たばこの煙がもうもうと立ちこめ、部屋全体がかすんでいる。遠慮がちに後ろの方に座っていると、しばらくしてドゥルーズが入ってきた。つばひろの帽子、よれよれのコート、コートを脱ぐとセーター。コートのかわりにジャケットを羽織っていることもあったが、その後ほとんどこのスタイルは変わることがなかった。そしてドゥルーズが語り出す。序章でも述べたが、ほとんど身体性というものを感じさせないような、薄く、少し鼻にかかったような声。いや、だからこそ強烈に聞き手はドゥルーズの身体を感じていたのかもしれない。彼が生涯気管支系の障害に悩まされていたことを、私はずいぶん後になってから知った。

「さて、前回はどこまで喋った？（On était où la dernière fois?）」

確かそのような言葉から毎回の授業は始まった。私が毎週通ったのは、映画論、フーコー論、ライプニッツ論の授業を行っていた年だった。ずっと後になって直接知己を得ることになった宇野邦一氏はすでに日本に帰国していたが、後に『千のプラトー』を翻訳することになるグループの面々が教室の前の方に並んで座っていたことを覚えている。その他は、本当に多様な人たちが教室に来ていた。とても学生とは思えないような年齢の人も数多くいた。ヨーロッパのみならず、中近東、アフリカ、アジアなど、様々な国や地域から聴衆が集まっていた。そんな雰囲気の中で、間に休憩を挟みながら、授業は、というよりはドゥルーズの語りは続いていった。いろんな質問や指摘が出ると——聴衆が多様だから、質問も哲学、文学、映画、人類学、数学、物理学と多岐にわたっていた——、そのたびにドゥルーズは無限とも思えるような彼の引き出しから様々な事例や概念を繰り出して返答していった。コレージュ・ド・フランスでのフーコーの講義を聴いた時は、「今ここで真実が語られている」という強烈な感覚があったが、ドゥルーズの授業では少し違っていた。目の前にいるこの人物はひょっとしたら古代ギリシアのソクラテスに匹敵するような人物かもしれない。哲学の歴史上、そう何人もいない「真の」哲学者がそこにいるという感覚がひしひしと感じられた。フーコー、デリダ、バディウなど、様々な思想家の授業に出たが、この人はどんな質問にも答えられるのだという感慨を本当の意味で抱かせてくれたのはドゥルーズだけであった。「哲学的精神」の化身とも言うべきだろうか。それも、古典的でもロマン主義的でもない、二〇世紀末のきわめて現代的かつ未来的な「哲学的精神」である――こうした印象は『ジル・ドゥルーズの「アベセデール」』というDVDを見ていただければきっと追体験できるだろう。

授業でドゥルーズは、よく「哲学者の仕事は、何が起こっているかを見ることだ」と言っていた。世の中を解説することではない。ドゥルーズがそんなことをしてくれたことは一度もない。ドゥルーズがその授業、その語りを通じて教えてくれたのは、世の中を、世界を、「どう見るか」ということだったように思う。あるいは「どう見れば世界が新しく見えてくるか」と言い換えても良いだろう。今でも記憶に鮮烈に残っているのは、「襞」という概念についてドゥルーズが語っていた時のことである。そのpliというフランス語の単語はplierという動詞にもつながり、「襞」というよりはむしろ「折りたたむ」という行為もしくはその結果できた「折れ目」を指すのだが、ドゥルーズの話を聞いているうちに、これは哲学的に非常に深い意味合いを持っているようだと当時の私にも分かってきた。

例えば「存在の存在」、これはどうやら古代ギリシア人が考え出した「折れ目」であるらしい。「ものや生き物がある、いる」ということはどうして「ある」のか、こんなことを考えた人々はギリシア人以外にはないだろう。哲学は確かに「折る」ことから始まったのかもしれない。「変化する変化」はどうだろう。ある変化が一定の法則に基づきながら変化の方向を変えつつ、「無限」に伸びていけば、それが「微分」ということになる。「概念」とは、「新しい」あるいは「別の」見方なのである。そしてその年の授業は、翌年『襞――ライプニッツとバロック』という書物となって公刊された。

さて、そうしたドゥルーズが提示した様々な概念のうちでも最も重要なものが、「生成変化」と「内在」ではなかろうか。本書では前者をこの章で、後者を第9章で扱うことにする。もちろん、すでに述べたように、一つの概念は決して独立して機能することはなく、常に他の様々な概念との関係の中で機能しているのだから、私がこれから語らねばならない概念は、決してこの二つだけというわけではない。

生成変化、出来事、『意味の論理学』

「生成」あるいは「生成変化」とは、devenir というフランス語の単語の日本語訳である。ふつうこの語は動詞として、「木の葉が緑になる (Les feuilles deviennent vertes)」というように使われるので、ある何らかの変化を表している。あるものが、そうでなかったところのものになるということである。しかしドゥルーズはこの語に、もっと違った意味、それどころか彼の哲学において主役級と言っても良いような役割を、そもそも一九六九年の『意味の論理学』の時期から与えている。そしてこの概念は、年月を経て成長し、ついに一九八〇年の『千のプラトー』では「動物になる」という超絶的な概念に、まさに、「なる」。「生成変化」は、ドゥルーズがその哲学の成長とともに常に傍らに携え、育ててきた概念と言えるだろう。

『意味の論理学』を開いてみよう。まずもって私たちが驚くのは、この書物の作られ方、構成である。普通の哲学書とは全く異なっている。あまりにも短い「序文」の後は、「セリー（列）」と名付けられた章が次々と第一のセリーから第三四のセリーまで続く。「論理学」と称されながら、あらゆる論理を否定しているかのような構成である。セリーという言葉は、当時例えば現代音楽においてメシアンやブーレーズといった音楽家たちが展開していた、古典的な作曲技法を構築してきた論理とは異なった作曲技法を思い出させる。従来の「説得のための技法」から完全に離脱した思考のシステムによって書かれている書物であることが、この書物を読もうとする最初の瞬間から私たち読者に伝わってくる。しかし本当の驚きはさらにその後に来る。どこから読み始めても良さそうなたたずまいではあるが、まずは第一セリーを読み始めてみたとしよう。ところがそこで、私たちの意表を突くかのように――つまりそんな緊張の緩んだ読み方を一喝するかのように、私たちは全く理解不可能な命題を突きつけられる。哲学書でルイス・キャロルが扱われることには驚かないにしても、少女アリスについて冒頭から言われていることは、常識とは全く異なることである。

もちろん、アリスがもっと大きいこととアリスがもっと小さいことは、同時ではない。しかしアリスがもっと大きくなることとアリスがもっと小さくなることは、同時である。アリスは今はもっと大きい、アリスは以前はもっと小さかった。しかしそうであったのに比べてより大になることと、そうなるのに比べてより小となすことは、同じ時に一挙にである。これが生成すること［＝なること］の同時性である。（『意味の論理学』上、一五ページ）

アリスが大きくなる時、同時にアリスは小さくなっている。確かに、視点を変えればそんな風に言えるだろう。少し前より大きくなったということは、逆に考えれば、少し後より小さいことになる。当たり前と言えば、当たり前のことだが、このことをそもそもの出発点とするならば、自分が生きている世界、自分を取り囲んでいる世界を見る自分の姿勢を根本から変えなければならない。時間が過去から未来に向かって進んでいるという常識をまずは捨ててかからなければならない。時間は常に「過去に向かっても」進んでいる。そしてドゥルーズは、これこそ生成変化の同時性だと言う。常に「一挙に」時間は前と後ろへ進んでいる。「生成することの固有性は、現在を逃れること」（同上）なのである。ところが、こうした視点の変化が実際の生活にどんな変化をもたらすかということについてドゥルーズは何も言わない。すぐさま、哲学史におけるきわめて巨大な問題へと突入する。まさに「唐突に」である。

「プラトン主義の転覆」、フーコーはそのきわめて詩的な――別の言い方をすれば文飾を駆使したうんざりさせるような文体で書かれた――ドゥルーズ論で、このことを試みない哲学がはたして存在しただろうかと問うている（「劇場としての哲学」『フーコー思考集成』Ⅲ所収、三九七ページ）。西欧のすべての哲学者はプラトンの呪縛から逃れるために思考したとでも言いたげである。しかしドゥルーズがそんなたいそうな身振りを決して行わないこともフーコーは知っている。ドゥルーズが行うのは、ほんの少しの、微妙なずらしである。重要な対立は、イデアとコピーの間にはない。コピーとシミュラクルの間にあるとドゥルーズは言う。この時期、ドゥルーズはクロソウスキーの「シミュラクル（模像）」という概念にかなり衝撃を受けていたようだが、このことは一九六八年に出版された国家博士学位主論文『差異と反復』においても読み取れる。同じものが反復される時、そこに差異があるとしたら、同一性の概念は崩れ去り、「同一性の原理」に基づく論理はすべて成立しえないことになる。シミュラクルとはまさにそうした崩壊、「全面的基礎崩壊」（『意味の論理学』下、一五〇ページ）の事実そのものである。

先に述べたように、『意味の論理学』の段階で、生成変化は前と後ろ、未来と過去の両方に向かって生じるとされていたが、そのことは、事物の現実の重み、存在の重みからいったん解き放たれなければならないことを意味する。なぜなら、重みを持つものは慣性力によって常に何らかの方向へと向かう一方向性から逃れられないからである。表面の効果の次元へと自らが移動することを、『意味の論理学』は求めてやまない。出来事、アイオーン、あるいは「意味」というきわめて一般的な言葉でさえそうである。かばん語という遊戯的な言語のあり方にドゥルーズが注目するのは、それが表面の次元でしか機能しえないからである——例えば「湯気立ち—怒り」や「ジャバーウォッキー」が「スナーク」（サメーへび）よりすぐれてかばん語であるのは、前二者が二つの異なったセリーを統合しているからであるが、それは実在性とは異なった「意味」という表面の次元でのことである。「意味」の次元では、すべてがすべてと結合可能である。例えば「低い高さ」であろうが、「広い狭さ」であろうが、そう「言う」ことが可能であるかぎりにおいて、そこには何らかの「意味」がある、もしくは、ありうる。しかも「低い」と「高い」が「先に」あって、そこから「低い高さ」が生じたというような前後関係、言い換えれば、因果関係もそこにはない（『意味の論理学』上、八九〜九五ページ）。『意味の論理学』のいくつかの主要なテーマの一つは——実のところ、プラトン主義の転覆という謳い文句はむしろ隠れ蓑だったのではないだろうか——、因果関係から逃れることだったように思われる。さらに言えば、それは物理的な法則の支配から逃れることでもある。重力から逃れ、軽くなること、浮遊すること……。こう言ってしまうと、かつて流行した「ポストモダン」的な話しぶりのように聞こえてしまうが、ドゥルーズにとってはこれはそんな格好良さを求めた態度ではない。おそらくもっと切実な問題であっただろう——最初期の二十代はじめに書かれた文章においてさえ、彼にとって世界は「疲労」の世界だった（「女性の叙述——性をもつ他者の哲学のために」『ドゥルーズ 書簡とその他のテクスト』所収）。ドゥルーズは生涯自らの身体的な弱さを引き受けながら思考した人であった。しかも、因果関係から逃れる、重さから逃れるなどといっても、誰にもそう簡単に実行できることではない。『意味の論理学』があれほど様々なトポスを動員しなければならなかったのは、生成変化とはこれこれだと定義してみたところで、私たちの生に何の変化も生じないからである。生成変化は、世界の見方の変更、生き方の変更を私たちの生の全面において要求する。全面において変化しなければならないということを、『意味の論理学』さらには『差異と反復』のあの書かれ方は示している。私たちの生のすべての局面において、これまでとは違った見方をすること。このことをドゥルーズの著作は求めているのである。あらゆる点において、である。論理に対してはセリーを、思考に対しては反復を、時間に対してはアイオーンを、そして日々私たちが生きている生に対しては出来事を、とまさにセリーは無限に続いていく。

「すべては出来事である」と考えるとは、日々刻々と起こっている事柄をすべて「生成変化」として見ることである。「出来事」という言葉は、ドゥルーズにおいてきわめて特殊な意味を担っている。私が道を歩いているとする。しかし私は道をまだ歩いていないし、もう歩いてしまってもいる。これがアイオーンの時間であり、またアリスの巨大化と縮小の同時性である。さてその時、私が躓いたとする。しかし私が躓いた原因はどこにもない。そこにあった地面の小さな突起でもないし、私の筋肉の衰えあるいは疲労でもない。躓いた私と小さな突起が同時にあるだけである。もちろん、現実には私のつま先には痛みが走っているし、そこには物理的・生理的な異常つまり炎症が発生し、腫れが生じている。しかしドゥルーズの著作が求めているのは、そうした現実の変化と同時に到来している表面の効果の次元、準―原因の次元に身を置くこと、言い換えれば、「つま先が腫れているから痛い」ではなく「腫れているつま先があり、と同時に、その場所とその周辺で、痛みが出現している」

と考えることである。まさに序章で述べた、ストア派的な生の次元に身を置くことである。しかしそれだけではない。「出来事」はまた、様々なセリーが交流しうる場でもある。共立不可能であるような、ライプニッツであれば同じ命題の中に主語と述語として存在しえないと定義するであろうような事柄、例えば罪を犯したアダムと楽園に安住するアダムでさえもがつながってしまうような場でもある――もちろん、ライプニッツにとっては、罪を犯したアダムが楽園を追放される世界だけが現実性を持つ「最良の」世界であるわけだが。『意味の論理学』や『差異と反復』の時期、ドゥルーズはとにかく「自由になる」ことを求めていたように思われる。因果律から、重さから、時間から、論理学から……、そしておそらくは自分の身体から。「生成変化」はそんなドゥルーズが哲学するための唯一の道としての概念だったのだろう。しかしこの概念は、さらに発展していく。

『アンチ・オイディプス』

フェリックス・ガタリという稀代の実践家・活動家との出会いはドゥルーズに何をもたらしたのか。『意味の論理学』や『差異と反復』のドゥルーズと、『アンチ・オイディプス』や『千のプラトー』のドゥルーズ。ガタリとの出会いが、ドゥルーズの哲学にもたらしたものは、あまりにも大きく、またあまりにも小さい。つまり、ドゥルーズはやはりドゥルーズのままであるが、同時にガタリはドゥルーズ一人ではとても持ち込めなかったものを、ドゥルーズの哲学の中に持ち込むことを可能にした、ということである。では、それは何か。「運動」だと私は考えている。

先に見たようにドゥルーズにおける「生成変化」は、前にも後ろにも同時に進行する。また因果関係からも自由である。アイオーンという時間も現在を無限に前と後ろへと分割する。もしこうした「生成変化」の概念を完全に自らの生へと導入してしまったら、実は「もう何もしなくても良い」、「すべてはこのままで良い」ということになるのではないだろうか。変化への衝動がそこには全く生じない。そんな、ある意味で自己完結していたドゥルーズに、「運動を生じさせる衝動」を与えたのが、ガタリである。彼ら二人の出会いの最初期の様子は、ドゥルーズがガタリに宛てた手紙の中にうかがい知ることができる。そこでドゥルーズが強調していたのは、君の発想は素晴らしいが、それを「練り上げなければならない」ということだった。『アンチ・オイディプス』と『千のプラトー』という二つの巨大な著作はその「練り上げ」が結実したものに他ならない。とりわけ『アンチ・オイディプス』の第三章「未開人、野蛮人、文明人」は、まさにドゥルーズの筆から初めて「運動」そして「歴史」が語られた、目を見張る瞬間であった。第一章で「欲望機械」という概念装置を措定し、第二章でフロイトによるオイディプス神話の変形を批判した後に登場するこの第三章では、全人類の歴史が領土とそのコード化という観点から見直される。「領土」とは人間が自らの生きる場所として認識しているある一定の広がり・空間であり、人間がその空間に何らかの組織化を行い、意味を与える作業あるいは現象（その作業は必ずしも意識的であるとは限らないので）が「コード化」である。大地が領土化され（未開の大地機械）、領土が国家となり帝国となり（野蛮な専制君主機械）、帝国が資本主義的機械によって取って代わられ、オイディプスが現れる。なぜならこの第三の体制において初めて家族の表象が社会の表象と相重なることになるからである。しかもこの三つの体制は、順に起こるのであり、不可逆的である。それぞれの体制には次の体制へと移るための「原因」があり、「契機」がある。その契機が「充実身体」と言われるものであり、それぞれの体制を構築するコードがいったんご破算になることである。では何が充実身体を生じさせるのか。それぞれの体制の中に現れる次の体制の要素、例えば帝国の中に現れる資本―貨幣が、帝国の充実身体を作り、新たな体制へと移行させる――しかも帝国登場の発端にあった「原国家」を再び活用しながら。第四章第一節にある驚異的な見取り図――しばしばドゥルーズは概念を奇妙なイメージでもって教室の黒板に図式化していた――の大半は、こうして第三章第一〇節によって説明されることになる。で、あとは、資本主義的機械から次にどこへ行くのかである。そしてそれこそ、第四章で語られる分裂分析が突き動かす運動が目指す果てに見えてくる未来である。ただし『アンチ・オイディプス』への深入りは避けておこう。本書第7章で「リトルネッロ」について語る時、どうしてもそこを通る必要があるのだから。

『千のプラトー』、動物になる、強度

ではこうして「運動」という要素がドゥルーズの思想に組み入れられた後、「生成変化」という概念はまさにどう変化するのだろうか。いよいよ『千のプラトー』における「生成変化」について語ってみたい。とはいえこの書物は、『アンチ・オイディプス』以上に語ることが難しい書物である。前作のような書物の論理、つまり第一章から第四章へと展開する論理は再び姿を消し、一四の章（プラ

トーと名付けられている）が一見何の脈絡もなく並んでいる。ただし『意味の論理学』のようなほぼ完璧とも言える「平等な」セリーの並列ではなく、宇野氏も指摘しているように、それぞれの章の役回りのようなものがこちらにはある。先行して発表された序章「リゾーム」に続き、いくつかの基本的な概念が提示される。意味発生のメカニズムである「顔貌性」、生成変化のプロセスである「器官なき身体」、「マイナー性」等の基本的概念が提示された後、一つの大きな山のように現れるのが、第一〇章「一七三〇年――強度になること、動物になること、知覚しえぬものになること……」である。そしてその後には、ノマドロジーについての巨大な章が来る。私の考えでは、ドゥルーズの思想は通常言われる意味での革命とはほとんど関係がない――そして放浪とさえも……。ではそんな彼がどうして稀代の社会運動家であるガタリと協働作業ができたのか。答えが欲しい人は、ドゥルーズの『アベセデール』に収められた「左派」についての語りを見れば良い。「革命は必ず失敗する」と断じた後、ドゥルーズは「革命と革命的であることとは違う」と言う。そして「革命的である」ことはまさに「生成変化」に関わることだと言うのである。ドゥルーズにとって重要であるのは、ロマンティックな幻想ではない。もっと現実の中に入り込み、現実と本当の意味で闘っている「生成変化」の方なのである――「現実」という言葉については、同じ語りの中での「人権」についての暴言（「私は人権という言葉が嫌いだ」）と「判例」についてのきわめて重要な発言に注意しよう。

さてその「生成変化」が、『千のプラトー』に至って、『意味の論理学』から大きく変化ないし進化していることに注目したい。先にも述べたように、『意味の論理学』での「生成変化」は、時間軸の前後に同時に進行し、因果律を遡行することができた。しかし『千のプラトー』では、さらに異なった平面や領域の間を移動するという新たな能力が付け加わっている。第一〇章にはいくつかの平面が存在している。博物学、魔術、ベルクソン、あるいは多様体、群れ……。ドゥルーズとガタリの目指すところは、章のはじめですでに明らかにされている。「家族や職業や夫婦関係など、大規模なモル状の力をことごとく突き崩していく動きだ」(『千のプラトー』中、一四八ページ)。そう、ドゥルーズとガタリが最も嫌うのは「モル的」なものである。彼ら二人の接点もそこにあったのではないだろうか。ガタリにとっては、個々人の自由な運動を阻止するものとして、それゆえミクロなレベルでの社会運動がまさに戦う相手として、「モル的」なものが現れる。

しかもこの点においてガタリはフーコーとも接点を見出していることを忘れてはならない。第一〇章の直前の章は「ミクロ政治学」について語っているのだが、これはまさにフーコーの「権力のミクロ物理学」と相応しており、例えば本書第3章で扱う「規律権力」や「生権力」はミクロの次元でモル的な力を働かすテクノロジーであるとも言える。前者は、空間や時間の割り当てなどといった、個々人一人ひとりの「ひと」という次元よりもさらに小さな次元で働いて、個々人を他の大勢の人々と同じような存在へと変容させる。後者は、さらに微少な次元すなわち生物学的・生理学的レベルで個々人に働いて、個々人を「人口」というモル的総体の中の一粒の存在へと変容させる。いずれに対しても、今私は「変容」という言葉を使ったが、これは「生成」ないし「生成変化」という訳語を当てている devenir ともちろん区別するためである。さらに言えば、区別というよりも、規律権力や生権力による個人の変容は、モル的なものへ向かうという意味で、個人の特異性の次元の出来事である「生成変化」と完全に対立することを明確にするためである——生成変化も「群れ」と関わるが、個人が個人であり続ける「群れ」、さらにはその中に特異な個が存在しうる「群れ」は、個人を溶解してしまうモル的総体とは全く異なるものである。その意味で、「変容」というよりはむしろ「溶解」と言った方が適当だろう。フーコーの言うミクロ権力が個々人に及ぼす効果は、まさに個々人をモル的な全体へと溶かし込んでいくことだからである。こう考えてくると、私たち個々人は、モル的総体に飲み込まれないために、「生成変化」という契機を自らの内に持っておかなければならないということになる。「生成変化」はモル的なものと真っ向から対立する。それゆえ「人間（男性）への生成変化は存在しない、なぜなら人間（男性）はモル状の抽象的実体そのものであり、逆に生成変化は分子状であるから」（同書、二七七ページ）と言われるのである。フーコーを参照項とすることで、ドゥルーズとガタリによる、常識を超えた概念の、現実的で実践的な意味合いがよく見えてきたとも言えるだろう。

では、鼠や狼への生成変化、いわゆる「動物への生成変化（devenir animal）」、「動物になる」とはどういうことか。それは実際に人間が動物へと変化することでも、人間が動物のマネをする、模倣することでもないと彼らは言う。重要なのは、「中間領域（région médiane）」（邦訳では「中間地帯」）という概念である。人間と鼠、人間と狼の間にある領域……このことが意味するのは、鼠人間でも狼人間でもない。人間が鼠に近づくと同時に鼠が人間に近づく場、人間が狼に近づくと同時に狼が人間に近づく場が創出されるということである。とはいえ、人間が何らかの動物に近づくという考えは理解できるとして、動物の方から人間に近づいてくるというのはどういうことなのだろうか。ドゥルーズとガタリは「動物にも人間にも等しく作用をおよぼすような」と言っている（同書、一五六ページ）。

エイハブ船長はモービィ・ディックとともに抗しがたい〈鯨への生成変化〉に巻き込まれる。しかしそれと同時に、モービィ・ディックなる動物もまた、耐えがたいほど純粋な白さに、まばゆいばかりに白い城壁に、銀の糸になって伸び、少女の「ように」しなやかになり、鞭のようによじれ、さらには城塞のように聳えなければならない。（同書、三〇二ページ）

ここには、「視点」のきわめて大がかりな転換が関わっていることを強調しておきたい。「動物になる」人間の中に決して視点を置いてはならない。視点は、私たちを超えたはるか宇宙のどこかにある。ベルクソンが運動も時間も記憶もすべてイマージュだと想定した時のあの視点である——『シネマ1 運動イメージ』第四章でのベルクソンへの最大限の賛辞を思い出そう。

わたしたちは、現れているものの総体をImageと呼ぶことにしよう。（中略）すべての物、すなわちすべてのイメージは、それらの作用とおよび反作用と一体になっている。これこそ、普遍的＝宇宙的変動である。どのイメージもそれぞれ「広大無辺な宇宙のなかで伝播する諸変異があらゆる方向に通過してゆくための道」でしかない。（『シネマ1 運動イメージ』一〇五ページ）

誰のものでもない視点。イマージュそのものがいわゆる主体なしに存在する視点。ベルクソンを読む時と同様に、ドゥルーズとガタリを読む時、私たちは現象学を完全に捨てなければならない。それは、ある一つの主体を想定しない視点である。イマージュがまずあり、イマージュそのものが視点であり、主体であるとも言えよう。そんな常識を超えたイマージュ論に身を置き、そこから出発することが、ベルクソンの理解にもドゥルーズとガタリの理解にも必要なのである——とはいえ、こんな視点の転換には、私たちの生き方そのものの転換が必要になるのではあるが。

もう少し分かりやすい例で考えてみよう。私がよく例として思い浮かべるのは、ロシアのバレエ・ダンサー、マイヤ・プリセツカヤが踊る「瀕死の白鳥」である。その映像を見れば、人間が白鳥に近づくと同時に、白鳥が人間的になってくるということを誰もが理解できるはずである——プリセツカヤの白鳥にはいくつかのバージョンがあるが、若い時、四〇代、そして六〇歳を超えてからの白鳥では……あまりにもやせ細った彼女の腕……それはもう白鳥でも人間でもない……バレエの精とでも言えるような存在が私たちの目の前に現れる。彼女のあのまるで関節がなくなってしまったような波打つ腕の動きは、決して白鳥の羽を模倣しているわけではない。白鳥の羽はあんな動き方はしない。もちろん人間の腕の動きなどからは隔絶してしまっている。まさに白鳥と人間の間の中間にある領域へとプリセツカヤは入っているのであり、その状況がそれを見る私たちに、言いようのない感情の高まりを生じさせるのである。「中間」という言葉は、何か穏やかなもの、平静なものを想像させるが、そんなことはない。中間領域とは、極度に推し進められた「強度（intensité）」の領域なのである。

では「強度」がなぜ感動を生むのか。それは「強度」が人間の可能性の領域であり、人間が自らの限界に挑戦する領域だからである。人間を構成する要素にはいろいろなものがある。知能、理性、筋力、骨格、肌、等々、無限と言って良いぐらいの要素から人間は構成されている。「強度」とは、そのそれぞれの要素の次元（ドゥルーズの言葉では平面）だけに視線を集中し、その他の要素を捨て去って考えること、つまりあたかも人間がその要素だけによってしか構成されていないかのように考え、振る舞うことである。例えば、あたかも人間が皮膚だけによって作られているかのように考えるとどうだろうか。イマージュの中で私たちは極端に自由な姿勢を取ることができるようになるだろう。そのイマージュがどこまで現実に生成されるかは個々人の能力と決断と特異性によるとしか言えないだろうが、「強度」とはとにかくそうした唯一の要素で構成される平面のことなのである。

「強度」は『差異と反復』においてすでに重要な概念の一つとして登場していた（『差異と反復』下、一六〇～二二八ページ）。例えば三〇度という温度が一〇度と二〇度の合計ではないのと同じように、すべての「強度」は単独である。しかしそのことは「強度」が単一で、内に何も含まないという意味ではない。それどころか、「強度」は不等なものを内包し、また反復を肯定する。「強度」は差異そのものであるとドゥルーズは言う。それ自体としての時速一〇〇キロとはどういうものなのか。それは九〇キロから少しずつ早くなった速度でもあろうし、一一〇キロから少しずつ遅くなった速度でもあろう。しかし時速一〇〇キロそのものは感じ取る以外にないが、そこにはすべての速度との差異が含まれている。「強度」とは巻き込むものだとも言われるように、他のすべての速度を含みこんだ時速一〇〇キロ。おそらく卓越したレーサーだけがそうしたものを感じ取ることができるのだろう――しかもそうしたレーサーにとっては、時速二〇〇キロ、三〇〇キロまでもが感受可能な領域に入っているだろう。では、反復を肯定するとはどういうことか。一つの例を挙げてみよう。勅使川原三郎という現代日本を代表する舞踏家がいる。彼のような驚異的な踊り手ならば、様々な強度を自らの身体で感受し、表現できるのかもしれない。彼のあの高速で振動しているように見える身体は、まさに反復を内に含む強度であろう。反復される運動が一瞬のうちに凝縮し、破裂しているとでも言えようか。「強度になる」とは、そういう状態に入ることである。通常の知覚の領域では全くない。類似や模倣の世界でもない。プリセツカヤも白鳥になる時、「白鳥性」の強度とも言うべきものを出現させていたのだろう。

『千のプラトー』には、馬のように速く、馬のように足を蹴り上げながら走る男の話が語られている。しかしこの男が馬に最も近づく、つまり「馬に生成変化する」のは、馬のように走る時ではなく、超高速で唇を動かしながらハーモニカを吹き、「唇潰し」という技に集中する時だという（『千のプラトー』中、三〇四～三〇五ページ）。「馬性」は「馬」に似ていることではないようだ――「此性」のもとにあるアヴィセンナの「馬性」については本書第9章で語ることにしておこう。いずれにしても、馬を模倣していない時、この男は「馬」の強度を出現させることができたわけである。もしこの男が何かを再現しているとすれば、馬と猿ぐつわの関係である。猿ぐつわそのものではない。関係である。ドゥルーズとガタリはこれを、「環境」と訳されるフランス語 milieu とも言っている。つまり間の

(mi) 場 (lieu) である。そして最後に言っておこう。こうした生成変化が、中間領域、間の場で起こるということは、それは生成変化が個体のみの出来事ではありえないということであると。出来事そのものがそうだったように、問題は常に個体が取り込まれている世界の変化であるということだ——そしてその世界とは、第7章「リトルネッロ」で見るように、あの奇妙かつ重要な「アジャンスマン」という言葉が指すものなのである。

第2章　エピステーメー（フーコー）

ドゥルーズに続いては、フーコーを取り上げよう。ただまず検討したいのは、規律権力や生権力といった有名な概念ではなく、最近はあまり語られることのなくなった「エピステーメー」という概念とその根幹にある「エノンセ」という概念である。この二つがなぜ重要なのか。なぜ「世界の見方を変える」概念なのか。このことを明らかにしていくために、まずフーコーという人間のことを少し語っておきたい。

フーコーという人間

私はフーコーと直接話したことはない。私がフランスへ留学したのは一九八三年秋からで、翌一九八四年の二月から三月にかけて、コレージュ・ド・フランスでフーコーの講義を毎週聴いたことが、彼との唯一の直接的なつながりである。本教室が超満員のため用意された、テレビによる映像を見る別室へ行かされたくないので、毎週早くから駆けつけて本教室に席を取った。講義集成につけられた文章でフレデリック・グロが書いている通り、フーコーは書類をどんと演壇に置き、乱立するマイクを振り払うようにしながら、息もつかさず話を始めた。まずはちょっとした伝達事項を述べて、すぐさま本題に入る。ただ、私がさらに付け加えておきたいのは、聴衆の側の様子である。演壇のすぐ前には何人かフーコーそっくりの人たちがいた。おそらく、いわゆる信奉者なのだろう。スキンヘッドとめがねとスーツでみんなそろえていたのだが、私が強い印象を受けたのは、そんなことではない。むしろ会場全体になんとも言えない期待感のようなものが漂っていたことである。「これからここで、何か真実に関わることが語られる」という期待を、その場にいるすべての聴衆が分かち合っているように思われた。「真理」というよりはむしろ「真実」である。永遠で普遍的で抽象的な「真理」ではなく、現実のこの世界の中にある矛盾や欺瞞を暴く「真実」が、これからここで語られるのだという感覚が、コレージュ・ド・フランスの大講義室に充満していた。私たち聴衆は常に緊張の極点にあったように思う。今から思うと、ひょっとしたらイエス・キリストの前に集まった人々も同じような感覚を共有していたのではないだろうか。もちろんフーコーをキリストと比較しようなどとは毛頭思っていない。そんなことをしたら敬虔なキリスト教信者の人々の激高を買うだろう。ただ二人とも――その内の一方を「一人」と言って良いとしてだが――「自分は誰なのか」という問いを終生問い続けたという点においては共通しているように私は思う。そのことだけは、私の意見として主張しておきたい。

フーコーは、一九二六年フランス中部の都市ポワチエに医師の家系の長男として生まれている。地方の中心都市の名士の家系の長男。「の」が四つ連なったこの重く複雑な環境の中にフーコーは生まれた。そんな中フーコーは、医学部への進学を拒否し、父の名であるポールを自分の生誕時の名前ポール＝ミシェルから外す。ポール＝ミシェル・フーコーからミシェル・フーコーになったわけである。しかし彼はそう簡単にミシェル・フーコーになれたのだろうか。いやそうではない。彼が家系から来る重圧に苦しんでいたことは容易にうかがえるが、それだけではない。彼は同性愛者であった。フランス伝統のエリート主義教育の要であるパリの高等師範学校に入学後、フーコーは自殺未遂やアルコール中毒という事件を繰り返す。だがそれはまた、家系や、当時はまだ社会的に受け入れられていなかった同性愛だけが原因であったとも私は思っていない。むしろフーコーは、ミシェル・フーコーになろうと、あるいはミシェル・フーコーであろうと、生涯こだわり続けた人間であったように思える。自分とは誰であるのか、なぜ自分は自分であり、他の人間ではないのか。こうした問いこそが、フーコーという人間の根幹にあったように思われる――そして、この問いへの答えをフーコーは人生の最後において、おおよそつかんでいたように思われる。それが「パレーシア」という概念であり、さらに言えばそこからついにたどり着いた「別の生」という概念である。本書の第8章ではそのことを明らかにしていきたい。

エピステーメー

学者・研究者としてのフーコーは当初から、精神医学に興味を示すが、もちろん精神科医になろうとはしない。また哲学にも関心を抱いていたが、現象学的あるいは実存主義的なアプローチによる精神医学を除いて、哲学と精神医学という二つの領域を統合する学問分野は当時まだ存在しなかった――彼自身が将来創造するものこそ、この領域になるわけである。彼がビンスヴァンガーの翻訳を試みるのはそんな事情によるところもあったはずである。そんな中、彼が選んだのは心理学という領域であった。フーコーは助手としての職を得るが、なかなか昇進はない。また、心理学の歴史を入門書として書く機会を得るが、よく読んでみると、その内容は心理学に対してかなり批判的である。アルチュセールの好意によって、フーコーは母校高等師範学校での復習教師の職に就く。講義は好評を得たようであるが、自分の力を本気で集中できる主題が見つからないまま、研究者としての仕事を続けていたのが、当時のフーコーであろう。

そうした時、彼に大きな転機が訪れる。スウェーデン、ウプサラにあるフランス館館長への任命である。生涯を通じ敬愛することになる神話学者ジョルジュ・デュメジルの仲介で得たこの職は、フーコーに少なくとも二つの大きな影響を及ぼすことになる。まず、フランスから出るということが、あたかも転地療養の効果のように、長年彼を苦しませてきた「自己に対する問い」からの、一時的とはいえ解放感を彼にもたらした。細身のスーツを着て、ジャガーのスポーツカーに乗るという「ダンディーな」フーコーがこの時期のイメージである。さらにフランス館館長として、カミュをはじめとしたフランスから来訪する有名人との接触の機会もあり、以前の悶々とした生活とはうってかわって華やかさに彩られた日々を送る。しかしもう一つの影響はさらにもっと重要である。ウプサラ大学図書館での医学関係の蔵書の発見である。この膨大な資料の集積体との出会いこそは、フーコーが『狂気の歴史』を書くことを可能にした最大の原因であった。自らの前に突如現れた大量の書物群にフーコーは何を感じ、何を読み取ったのか。それは、個々の著者の個別の生や知が集まって大きな塊となり、緩やかに変化していく運動のさまであり、力であった。医学という一つの知の領域を形成する書物の群れが目の前にある――このこと自体がフーコーにとっては幸運であった。それらに書き込まれた知の総体は、不動ではない。永遠の知というものは存在しない。知は運動し続ける。フーコーの「エピステーメー」という概念はまさにこうした出会いの中から実感されたものを出発点としている――もちろん、ギリシア語由来のこの言葉に彼が独自の意味合いを与えることになるのはもう少し後になってからのことであるが。巨大な塊が緩やかに変化すると言うと、当時すでにフランスで大きな影響力を持っていた「アナル学派」という歴史学の一派が掲げていた「長期的な歴史」という概念が思い出される。例えば、地中海世界全体における千年単位での気候の変化といった長い時間を通して徐々に変化していく運動を記述しようという考え方で、事件や偉大な人物中心の従来の歴史学の考え方とは全く異なった概念である。『狂気の歴史』の出版を支援したフィリップ・アリエスもこの学派に属していた。ただ、フーコーが『狂気の歴史』さらにその三年後に出版される『臨床医学の誕生』で記述する歴史的変化は、単に緩やかな変化ではない。緩やかな変化が続く風景の中を歩いているうちに、気がつけば全く異なった世界の中に足を踏み入れていたというような、明確な断絶を含む歴史観がフーコーの中にはある。『狂気の歴史』、『臨床医学の誕生』さらに『言葉と物』の冒頭には、いずれも導入のごとく、序文のごとく、一つの印象的なエピソードが置かれている。中世からルネサンスにかけて実際に存在したとされる狂人を乗せた阿呆船、女性患者の治療についての二種類の記述、そしてあの有名なベラスケス『侍女たち』の分析。これらは読者を単に書物に引き込むためだけではなく、中世や古典主義時代といった現代とは異なった時代や、あるいは百年たらずの時間を隔てた二つの時代の違いを明快に示して、「断絶」の存在をはじめから示唆するためのものである――その後の研究でフーコーの間違いが指摘されている場合もあるが。巨大なコーパスが緩やかな速度で変化していく。そしてその結果断絶が生じる。ではその断絶はどこに生じるのか。コーパスそのものは連続性を持ち続けているはずだ。フーコーなら、「それは経験の領域に生じるのだ」と言うだろう。あるいは「まなざしに」と言うかもしれない。それまで見えていなかったものが、気がつけば見えるようになっていた。それまで言葉にならなかったものが言葉で表現されるようになっていた。そうした断絶である。『臨床医学の誕生』の中の一節を引いておこう。先に言った百年たらずの時間を隔てた二つの医学的な記述についてである。

この二つの文章の間の差は、ごく小さいものでありながら、全面的《トタール》なものである。その差がわれわれにとって全面的なものだ、というのは、ベールの単語の一つ一つが、その質的な精密さによって、われわれのまなざしを恒常的な可視性の世界にみちびくからである。これに反して、ポンムの文章は知覚の支えのない、心象《ファンタスム》のことばをかたる。(中略)一八世紀の医師には自分の見

ているものが見えなかったのだ。（『臨床医学の誕生』二ページ）

ベールの文章は一八二五年、そしてポンムは一七六三年の文章である（後者についてはフーコーは一七六七年の第四版から引用しているが、いずれにしろ両者の隔たりは百年たらずというよりもっと短い）。断絶は確実に存在する。しかし明確な年月がそこにしるされることはない。経験の領野において断絶は、その領野の中にいる個々人の誰も知ることがないうちに生じているのである。

『狂気の歴史』はたしかに「西欧における狂気の経験の歴史」であった。人間性の一部であり、文学の中にも町の中にもその姿を現し、またそれゆえに別の世界へと誘うものであった狂気が、一七世紀、やがて理性の外にあるものとされ、その時「大いなる封じ込め」が始まる。「狂気の古典主義的経験」の始まりである。哲学や医学などの知の領域での変化と、制度や政治や人々の感覚における変化が、少しのずれを含みつつ、ゆっくりと、しかし大きな連動を形成する。そして気がつけば、狂気に対する経験は全く異なった時代に入っていたのである。もちろん変化は止まらない。やがて一九世紀を迎え、狂人保護院（asile）が登場し、精神医学が医学として成立していく中で、新たな狂気の経験が作られていく。狂気は「人間の真実」を表すものへと変化し、芸術や哲学の中にふたたび姿を現し始めるのである。

では先ほど引用した『臨床医学の誕生』はどうか。ここで問題とされたのは、もっと短期間の変化、言い換えればまさにある一つの断絶が生じようとする数十年である。一八世紀後半までの医学の知にとって、病は個々の身体を目の前にする以前にすでに分類学的に構成されていた。個々の身体の局部に生じる症状を見、そして記述することが可能になるのは、「まなざし」がある種の「受動性」——見えるものを言語の領域へと受け入れることから始めること——を帯び始めた時からだとフーコーは言う。そうして生じる変化を、しかもフーコーは、フランス革命期前後に動き出した医学教育の改革、「死に抵抗する力」が生であるという非常に抽象的なレベルでの発想の転換、「熱病」の解釈における微細な変化、といったいわば社会的な次元と知の次元との相互関係の中で記述していくのである。

一方『言葉と物』が扱うのは、知の次元での変化だけであるが、それはあたかも知の全領域を巻き込むかのような雄大な変化である。古典主義的な知の秩序の中で成立していた一般文法、博物学、富の分析が、やがて一九世紀には比較文法、生物学、経済学へと変化し、それがさらに二〇世紀に向けて変化する。このとどまるところのない知の次元における変動を、膨大な文献に基づきながらフーコーは描こうとする。古典主義時代の知のシステムが、représentation というフランス語の言葉が意味する二重の運動によって、「有限の数のものが無限を表象／代表する」ことによって成り立っていたところに、やがて「人間」、「歴史」といった有限性が組み込まれ、しかも百年も経たないうちに、その有限性そのものがふたたび新たな変化にさらされる。「無意識」や「構造」といった新しい概念がもたらす新しい知のシステムへの変化である——これをフーコーは「人間の死」と言ったのだった。ただし「システム」という言葉は使うべきではなかったかもしれない。フーコーが描こうとしているのは、「システム」という言葉が想像させるような固定的で安定した体系では全くない。彼自身は

「言説の編制（formation discursive）」という言葉を使っていることを強調しておきたい。無数の人間が産出する言説が組み立てている巨大なコーパスが、ある方向性を持って自らの組み立てられ方を変え、そのことによって「言葉と物」の関係、言い換えれば人間が世界と結ぶ関係そのものが変化していく。そして、そうした変化を捉えることこそ「エピステーメー」の考古学が目指すものである。

そうした分析は、あきらかに思想史や学問の歴史に属するものではなかろう。それこそ、むしろいかなるところから出発して認識と理論が可能となったか、どのような秩序の空間にしたがって知が構成されたか、あるいはただちにほどかれ消えさるためだったかもしれないが、どのような歴史的《ア・プリオリ》を下地とし、どのような実定性の本領内で、観念があらわれ、学問が構成され、経験が哲学として反省され、合理性が形成されるということが可能だったのか、そのようなことをあらためて見きわめようとする研究なのである。（『言葉と物』二〇ページ）

しかし、これら初期の三作には重要な共通点がもう一つある。先に述べた緩やかな変化とそこに現れる断絶、そうしたことが生じるのはいったいどこなのか。それは言葉と物とが未だ分化していないような地点、物がいよいよ名前を与えられようとするその瞬間であるという確信を、フーコーは巨大な書物の集合体と対峙した時に得たのではなかろうか。『臨床医学の誕生』の冒頭には次のような文章がある。

話しかたに変化が生じたとき、その変化を把握するためには、恐らくその主題の内容や、論理のありかた以外のものを問うべきなのだろう。つまり「もの《レ・ショーズ》」と「ことば《レ・モー》」がまだ分離していない領域、ものの見かたとものの言いかたとが、言語活動《ランガージュ》の起源とすれすれのところで、まだ互いに結びついている領域に問うべきなのだろう。（『臨床医学の誕生』四ページ）

『言葉と物』へとまさにつながっていく文章ではなかろうか。ただこの語り口には、例えばメルロ＝ポンティが言う「生まれつつある意味」という表現との呼応がまだ聞き取れる。しかし注意しなければならない。フーコーの立場には現象学とは決定的に異なる点がある。なるほど、両者において「もの」はあるがままの事物、つまり「ものそのもの」なのではない。そもそものはじめから人間の意識がそこへ向かう対象である。だがフーコーにとって、そしておそらく彼と同時代の多くの思想家にとって、「意識」という言葉はあまりにも曖昧である。ドゥルーズがそのフーコー論で明らかにしているように、フーコーにおいては、「もの」に対する言語の——可視性（見えること visibilité）に対する可読性（読みうること lisibilité）の——優位という立場がはっきりとある。問題は、「意識」より「言語」であり「言葉」なのである。人間にとっての「もの」は、そもそものはじめから「言語によって」によって捕捉され、表現されるべきものとして現れている。むしろサルトルの世代に属するラカンの思想が常にその重要度を失わなかったのも、第4章で見るように、この点に関わっているだろう。ラカンが「シニフィアン」という概念に与えたきわめて独創的で重大な意味がそれである。一方、言語の優位性を自らの思考の基盤とするためにフーコーが提案した概念は「シニフィアン」ではない。「エノンセ（言表 énoncé）」である。

エノンセ

一九六九年に出版された『知の考古学』という著作は、最近はあまり話題に上らなくなっている。私自身も長く手にせずにいたが、実はこの「エノンセ」という概念が詳細に理論化されているのがこの著作である――ちなみに、「知の考古学（archéologie du savoir）」という言葉をフーコーはすでに『狂気の歴史』の中で使っており（『狂気の歴史』二六八ページ）、またもちろん『言葉と物』でもほぼ同様の使い方がなされている（『言葉と物』五六ページ）。

フランス語で énoncé という言葉は、énoncer という動詞の複合過去形からできた名詞であり、「述べられたこと」を意味する。énoncé du jugement と言うと「判決文」という意味になるように、多少司法的な響きもある。フーコー自身が規定するところによれば、「エノンセ」は「文」とも「単語」とも違っている。つまり「文」や「単語」である必要はない。単なる発話行為とも違っている。フーコーは、この概念を練り上げる際、英米の言語哲学で言う「スピーチ・アクト」についてかなり研究したようだが、両者には決定的な違いがある。「スピーチ・アクト」の方は、「それを発することがそのまま行為になる」ような言表、例えば裁判官が「五年の懲役を科す」と言う時のような言表のことだが、「エノンセ」は必ずしも何らかの行為がそれに伴って発生することを条件とはしていない。「エノンセ」にとっては、むしろそれがどういう条件のもとで産み出されたかということの方が重要である。例えば、タイプライターあるいはキーボードそのものは「エノンセ」ではないが、教則本や仕様書に掲載されたタイプライター上のアルファベットの配置は「エノンセ」である。なぜなら、英語式のQWERTYとフランス語式のAZERTYとは、それぞれ英語圏とフランス語圏という異なった文化圏における、タイプライターを使った言語作業の総体を背後に持っており、その結果として生じた文字の配列だからである。フーコーは、「エノンセ」が立ち現れてくる場としてのこうした総体に、「歴史的先験性（歴史的ア・プリオリ a priori historique）」という一見矛盾するような特質を与えているが、その意味は、エノンセは常に先立つエノンセの集合体を前提としており、その集合体――これが「言説の編制」である――の中に現れつつ、それを変容させていくということである。フーコーの定義する「考古学」とは、知のある一領域を形成する「言説の編制」が歴史的にどのように変容していったかを検証することであるとするなら、考古学者が直接手に触れ、検討する対象はまさに「エノンセ」なのである。

一方「エノンセ」には「希少性」という特質がある、ともフーコーは言う。ある国語を成立させているコードの総体である「ラング」は、無限の発話の可能性を提供するが、そのすべてが言われているわけではない。「エノンセ」は言えるものと言えないものとの境界上で立ち現れてくる。言い方を変えれば、「エノンセ」が生じる領域とは、この世界に現れる事物や事象に名前が与えられ、それについて語られる以前と以後のその境目、「もの」と「ことば」がまだ分離していない領域、ものの見かたとものの言いかたとが、言語活動の起源とすれすれのところで、まだ互いに結びついている領域」という『臨床医学の誕生』から先に引用した箇所で示されていた領域のことなのである。「エノンセ」は従って、決して独立した領域を形成することはない。一方では「対象」つまりものの大がかりな群れ、他方では諸概念の体系といったものと隣接しながら、「エノンセ」は出現する。しかも、そうして生まれ来る「エノンセ」は、その出現の行為者であり証人でもある「発話の主体」に対して、とりあえずは独立しており、しかも出現の後、また図書館の中で深い眠りに入ってしまうこともある。ただし、フーコーの定義する「考古学者」の仕事は、過去の遺物を発掘するように眠りの中から「エノンセ」を呼び覚ますことではない。あくまでも、そうした時間の厚みを形成している「言説の編制」全体を記述することである。言うなれば、地層そのものを掘り起こす作業である。『狂気の歴史』も『臨床医学の誕生』も、そして『言葉と物』もそうして書かれた著作であった。もう一度フーコー自身の言葉を引いておこう。

考古学は、言説を一連の等質の出来事（個別的な諸編制）からしかできていないと考えるかわりに、言説の厚みそれ自身のうちに、複数の可能的な出来事の平面を区別する。すなわち、それらの独自な現出における諸言表それ自身の平面。対象、言表行為の類型、諸概念、さまざまな戦術的選択（あるいはすでに存在しているものに影響を与えるさまざまな変形）などの平面。すでに実現されている諸規則から出発した――が、常に一つの同じ実定性の要素中にある――編制の新しい諸規則派生の平面。最後に、第四のレヴェルにおいて、一つの言説編制の他のそれへの代置（あるいは、一つの実定性の純粋、単純な出現と消失の代置）が行なわれる平面。これらの出来事は、多くのなかでこの上なく稀れなものであるが、考古学にとっては、この上なく重要なものである。

（『知の考古学』二六一〜二六二ページ）

「エピステーメー」として世界を見る

さて私たちの周囲に目を向けてみよう。窓の外には道路が見える。街路樹があり、人々が歩いている。自動車が走っている。道路や自動車の背後に巨大な言説の編制が存在することは、容易に想像できるだろう。鉄やアルミやガラスやプラスチックといった物質が「自動車」へと組み上げられていく際には、どれほどの人的行為が実践されていることだろう。どれほどの思考が存在していることだろう。つまり、どれほどのエノンセが発せられたか、ということである。となれば、先にも確認したように、エノンセは先行するエノンセが形成している巨大な言説の編制の中に現れるものなのだから、私たちの周囲には、無数の言説の編制が折り重なって、交差しながらひしめき合っていることになる。序章でも書いた通り、街路樹だってそうである。木の枝の切り方、樹木の選択の仕方、並べ方、すべてエノンセと言説の編制が産み出している形態であるに違いない。なるほど、道路や自動車や街路樹そのものはエノンセではないだろう。しかし、今やこの地球上でどこへ行こうが、そしておそらくは宇宙に飛び立ってさえ、私たちは「知の考古学者」として、言説の編制の歴史を探求することができる。私たちは、自分たちが無限とも言える密度を持った知の集蔵体つまりエピステーメーの運動の中に生きていることを知っているのである。

第3章　ミクロ権力（フーコー）

長い間フーコーは権力の思想家であると考えられてきた。確かにそうである。前章で見たエピステーメーとエノンセといった概念は一見したところ権力と関わってはいないようだが、実際には、エノンセはものに言葉が与えられる場であり、無色透明の抽象的な場では毛頭ない——前章でも見たように「ものそのもの」が先にあるという意味ではないことに注意しておかなければならない。むしろ知の歴史的な持続の中、言い方を変えれば、知が社会の中の様々な力と関わり合いぶつかり合いながら形成されている「言説の編制」の中にこそ、その場は生じている。『狂気の歴史』と『臨床医学の誕生』では、そうした知と社会との同時的・双方向的な生成こそが問題となっていた。一見、社会的な要素が背景に後退しているように見える『言葉と物』で扱われた言語学・生物学・経済学、それらの前にあった普遍文法・博物学・富の分析といった知の領域に同様の見方を適用してみたらどうなるだろう。例えば、普遍文法から比較文法そして言語学へと移っていく過程には、ポール・ロワイヤル修道会の盛衰、啓蒙思想とユートピア思想（普遍言語への夢想）、植民地主義（インド＝ヨーロッパ祖語実在の可能性）などが関わっていた。第8章で見るパレーシアは、常に時の権力者や世の常識といったものに対抗する形で発せられるのであるから、パレーシアもまた権力と関わる概念である。しかしエノンセもパレーシアも、それらが権力と関わるのは、それらが「真理」に関わっているからであることを忘れてはならない。フーコーにおいて、権力には常に「真理」の問題が関わっていた。しかもフーコーにとってその「真理」は、最終的には「自分はいったい何者なのか」という問題と切り離すことができないものだったように私には思える。「真理を語る」者はいったいどのような資格で「真理」を語るのかとフーコーはいつも問うていた。フーコーにとって最大の課題は、「自分自身」であり、「自分自身についての真理」であった。とはいえ、この問いについては第8章でパレーシアと別の生について考察する際にゆっくりと考えよう。とりあえずは、フーコーにおける権力の問題が当面の主題である。

権力のミクロ物理学

フーコーが問題化した権力の形態は、主に規律権力と生権力の二つであることは自明のことと言って良いだろう。ではなぜこの章の標題を「ミクロ権力」としているのか。まずそのことから説明しておきたい——正確に言えば、フーコーの表現は「権力のミクロ物理学」である。なぜ「ミクロ」なのか。それを説明するためには、フランスの知識人にとっての五月革命という問題について語っておかなければならない。一九六八年、パリを中心に始まった学生たちによる政府に対する異議申し立ての運動は、瞬く間に全国に広がり、さらに労働者と学生の共闘という夢のような戦いが政府に対して繰り広げられようとした。しかしそのさなか、学生たちが経験したのは、労働組合を基盤とした労働者の戦いはイデオロギーによって組織されたものであって、学生たちが求めた「自由」とは全く逆の性格を帯びているという事実であった。五月革命は失敗であった。五月革命を語るということは、五月革命の失敗を語ることである。そうして、多くの知識人たちはその事実を正面から受け止め、それまでとは異なった運動の形を模索した。フーコーもその一人である。五月革命からしばらくの間、フーコーはフェリックス・ガタリのグループと協力関係を持ち、監獄の情報開示要求をはじめ様々な政治活動を行った。それは、ガタリのグループと言うよりは、正確には「制度を使う精神療法」の考え方を社会的領域へ応用しようという運動であった。固定化した制度が産み出す制度の病が、その中にいる人間を疎外するという問題意識にフーコーも共感したのだろう。そんな活動の中で、ガタリとフーコーの口から発せられたのが「ミクロ」という言葉であった。ガタリは一九八五年、イタリアでの講演ではっきりとそのことを述べている（「権力のミクロ物理学と欲望のミクロ政治学」『闘走機械』所収、一九六ページ）。巨大な権力に対してイデオロギーで武装して闘うという旧来の左翼が陥っていた固定観念をまず捨てることが、多くの知識人にとって五月革命の失敗に対する回答だったのである。もちろんガタリとフーコーには相違もある。第7章で「リトルネッロ」について語る際に述べるように、ガタリが「ミクロ」という言葉を使う時、それは戦いのレベルでの発言であった。彼の「ミクロ政治学」という概念の出発点には、微少でばらばらな運動がやがて大きな変動を産み出すという、いわゆる「雪だるま」現象のイメージがあった。

いくつかの少数グループによる欲望の局地的な一風変わった示威行為が共鳴しはじめ、やがて、支配的な表現様式や代表形態によって抑制され、別々に切りはなされ、押しつぶされていた多数の欲望と相互作用を起こすにいたったのです。（「ファシズムのミクロ政治学」『分子革命』所収、二八ページ）

一九六八年の運動の初期に起こったことをガタリはこう語っている。ガタリの確信は揺るがない。イデオロギーによる統率を逃れ、六八年以後も彼はこうした運動を求め続ける。一方、フーコーが同じ「ミクロ」という言葉を使う時、それはむしろ権力のあり方や働き方を指している。権力はいつも「巨大」であるわけではない。いつも誰かが所有しているわけでもない。どこにあるのか明確ではないまま、私たちに対して働きかけている権力。そうした権力は「ミクロ」なレベルで私たちに働きかけている、というのがフーコーの見方であった。

規律権力

まず規律権力から考えてみよう。『監獄の誕生』が発表されるのが一九七五年、先に述べたように監獄の情報開示要求運動を展開していたのと同時期に、フーコーは刑罰の問題について研究していた。ここでもフーコーは彼固有の「やり方」をする。つまり、何らかの問題に自分が直面しているなら、その問題を起源から徹底して調べ、その問題が産み出された経緯を明らかにする、あの方法論である。この系譜学的方法をフーコーはニーチェから学んだのではない。そもそも彼自身の中にあったものである。しかも監獄の問題は、ただそれだけの問題として思考されていたのではない。罪と罰の関係、言い換えれば、犯された何らかの罪にどのような処罰を与えるかという根本的な問題から出発して、フーコーは監獄の問題を考えていた。現代の監獄制度は、いつから始まり、それまでとどこが違うのか。罰するという行為の根本において、何が変わったのか。その思考の筋道は、『監獄の誕生』の書かれ方にはっきりと現れている。この書物は、現代のそれとは全く異なった刑罰のシステムであった「身体刑」の分析から始まり、次に処罰理論の一八世紀における展開をたどった上で、一九世紀に成立する自由を剝奪することつまり監禁による刑罰に「矯正」という要素が含まれていた点を強調する。監獄そのものは古くから存在していたが、長い間それは封じ込めるだけの機能しか持っていなかった。一方監禁する時間の長さを刑罰の度合いと比例させる近代的刑罰システムには、一方で主体の変容をもたらす機能が付随していたのである。ゆがんだ主体を「正しい」主体へと変容させる機能、つまり「規律」によって主体を「矯正する」権力との合体こそが、近代的監獄の特徴なのである。フーコーは監禁制度の完成の日付を次の引用のように語っている。もちろん「日付」とは比喩的な意味であって、断絶はある日に突如生じるものではない——前章で述べたように、「断絶」は経験の領域で知らぬ間に、つまり「日付ぬきに」に、しかし断固として生じているのである

> 監禁制度の形成が完了するその時期をもしも決定しなければならない場合、私は〈刑法典〉が公布された一八一〇年を、さらには独房拘禁の原則が制定された法律の年である一八四四年をも選び取らないだろう。（中略）選ぶとするなら、メトレーの少年施設の正式な開設の日付である、一八四〇年一月二十二日だ。いやもっと適切なのは、メトレー施設の或る少年が臨終の苦しみのなかで「こんなにも早々とこの集落施設《コロニー》に別れなければならないとはなんと悲しい」と言ったという、日付ぬきの栄光のその日だ。（『監獄の誕生』二九四ページ）

なぜ「栄光」なのか。それは、この言葉こそ少年が監禁によって矯正されたことを証しているからである。フーコーが現代の監獄における監禁の問題に注目するのは、監獄がまさにこの「規律権力」の最も理想的な実現であるからに他ならない。さらに、同様の機能が見られる他の制度、例えば学校、軍隊、病院、工場などは、すべて「小さな監獄」としての性格を持っていると言えるのではないかというのがフーコーの見立てである。『監獄の誕生』はしたがって二重の主題を持っている。まず近代的監獄の誕生とその機構の分析、そして同時に、社会の様々な施設において機能している、主体の変容をもたらす権力つまり「規律権力」の分析である。

　ではその規律権力はどのようにして主体を変容させるのか。四つのカテゴリーに分けられる様々なテクノロジーとそれに付随するいくつかの手段によるとフーコーは分析する。まず、①空間における配分、②時間軸における活動の取り締まり、③段階的形成の編制、④様々な力の組み合わせ、という四つのカテゴリーについて見てみよう。①は例えば学校での座席の指定、工場なら作業位置の指定である。一人の人間に一つの限定された空間が配分され固定される。②は学業や就労の時間割、③は学校での進級や会社での昇級。④は軍隊での歩行演習などに見られるように、個々人の活動が適当な仕方で組み合わされることによって、全体の力を増加させるための技術である。さらにこうしたテクノロジーは、監視、処罰や制裁、そして試験といった手段によって、その機能のより完全な行使が追求される。特に監視は規律権力にとって最も重要な要素であり、それゆえフーコーは、監獄における監視制度の理想型である「パノプティコン」については一章をさいて詳述している。もう少し詳しく規律権力の働き方を見てみよう。

一人の人間がいる。彼には当該の施設の一区分が自分の席あるいは持ち場として与えられる。彼の一日は細かく時間割が決められており、時間ごと、曜日ごとに行う活動も決められている。また例えば一年を単位として次の段階へ移行していくことができる。もちろんすべての行動は監視されている。活動の際の態度や成績は適宜確認される。また何らかのグループに入れられて、常に他のメンバーと組み合わされて活動を行わなければならない。こんな施設の中に誰がいたいだろうか。しかし、監獄におけるほどこうしたシステムが完璧に実現されていないにしても、小学校などでは同様のシステムが現実に機能しているし、部分的な形でなら、病院でも工場や会社などでも機能しているだろう。特に小学校において規律権力が働いているということについては、いちどゆっくりと考えてみる必要があるだろう。フーコーの分析する通り、規律権力が主体を画一的に変容させるように働くものだとすると、未だ形成過程にある小さな主体たちにこの権力が働けば、同じようなことを良いと考え、同じような行動をする子どもたちが次々と産み出されてくることになる。フーコーは「兵隊とはどこから見てもそれと分かる人間である」という定義を引用している。兵隊は、立っている姿勢だけからでも兵隊だと分かるという意味である。ただそれは身体のレベルにおいてのみ言われていることではない。現代の小学生たちは決して兵隊のような歩き方をしているわけではない。皆が同じような姿勢で立っているわけでもない。では小学生たちの心の動きに画一性はないのかと言われればどうだろう。子どもたちの心が、知らぬ間に同じように動き、同じような姿勢を取るようになっているとすれば、それはきわめて憂慮すべきことだろう。もちろん規律権力は必ずしも全面的に悪い権力なのではない。そもそも規律権力が歴史的に初めて現れたのは、キリスト教初期の修道院においてであったとフーコーは言う。神に捧げられた生を生き、自分を律し、神の僕となるということは、世俗的な主体から修道的な主体へと変容することを意味していたのであり、修道の規則はまさにそうした主体の変容のためのプログラムであった。規律は、荒ぶる欲望を抑え、自己を管理する道、晩年のフーコーの言葉を借りれば、「自己への配慮」へとつながる道でもある。また小学生のような年若い子どもたちにとってはある程度の規律が必要であることは自明のことである。問題はむしろ、規律権力を伴った施設や制度の多くが、一九世紀に成立してきたことにある。このことを私は重く考えている。なぜか。一九世紀こそ、ヨーロッパにおいて近代国家が国民国家となり、民主主義と資本主義が連動しながら、国家のために生き企業のために働く人間を求めるようになった時代だからである。日本では戦前の教育がまさにそうした傾向のもとで行われ、それが太平洋戦争へと日本国民を導いていった。あの戦争は軍国主義がもたらしたものであると同時に、日本国民全体が受け入れた戦争だったことも私たちはきちんと受け止めるべきである——もちろん反対した人がいなかったなどと言っているのではない。現在の教育がそのような傾向を持っているとまでは言わないが、まだまだ過去の教育システムと共通するところがあるのではなかろうか。子どもの自由ばかりを提唱する教育に私は反対であるが、規律権力が「自分でものを考える」主体を産むものではないことだけはあらためて強調しておきたい。規律を守って自己を管理することと、規律権力のプログラムによって「ある種の主体」として形成されることとは全く異なっているのである。

生権力

ところで、この一九世紀という時代はもう一つのミクロ権力すなわち生権力が活躍し始めた時代でもある。「し始めた」と言ったのは、規律権力の起源が修道院にあると考えられたように、生権力の起源も一九世紀以前に遡るからである。ただし修道院ほど古い起源ではない。フーコーの研究に沿って言えば、生権力の起源は一八世紀のヨーロッパにおいて、まず三つの地域で別々に現れた三種類の政策にある。フランスにおける都市政策、イギリスにおける労働者政策、ドイツにおける国家医療政策である。いずれも、例えばパリでの火災や疫病、ロンドンでの労働者の暴動、ドイツにおける軍隊の維持といったように、きっかけはそれぞれ異なっていても、衛生、健康といった面からある地域やある職域に属する人々を一括して管理することを目指していた。また当時新しく登場した統計という技術が使われたことも共通していた——統計学（スタティスティックス）とはまさに「国家の学」でもあったことはよく知られている。さらにコレージュ・ド・フランスでの講義では、フランスの重農主義のような政治経済学の登場も生権力誕生の一要素として語られている。ドゥルーズの言い方を借りれば（『フーコー』五六〜五七ページ。フーコーの巨大な思考を思うがままに分解し再構成しながら、フーコーの本質を語っているドゥルーズの思考の巨大さには驚かされる）、規律権力が学校や監獄といったある程度限られた数の人間の集団を扱う権力だとすれば、生権力は都市の住民や労働者、農民といったかなり大きな数の人間の集団を扱う権力である。そして、一九世紀に生権力が特権的に扱う集団の一つこそ青少年であった。人々が異常なまでに「性」に関心を持ち、抑圧しようとした一九世紀、青少年においてこそ「性」が管理されなければならなかったからである。

実のところ、「生権力」という概念は「性」に関わる行動の管理という問題と結びつく形で、『性の歴史Ⅰ　知への意志』の最終章において初めて現れる。『監獄の誕生』を書き上げた後、フーコーは「性」の問題に取り組むことになる。先にも述べたように、フーコーにとって生涯を貫く最大の課題は「自分はいったい誰であるのか」という問いであった。二〇歳前後から同性愛のために、精神的にも社会的にも様々な苦痛や苦悩を抱いてきたフーコーが、いつかは「性」の問題に正面から立ち向かうことになるのは必定ではなかっただろうか。そしてここでも、目の前に現れた問題をその起源にまで遡って徹底的に調査しつくすというフーコー固有の態度——この点において考古学と系譜学とは表裏一体の関係にあると言えるだろう——は変わらない。それどころか、自身にとっての問題の大きさ、重要さに応じるように、『知への意志』を序論とした、その後五巻にもわたる壮大なプロジェクトをフーコーは立てた。よく知られているように、友人の映画制作をめぐる資金援助がからんだガリマール社との諍いの影響もあり、結局このプロジェクトは、途中で停止し、変更され、未完成に終わることになるが、①肉体と身体、②少年十字軍、③女と母とヒステリー患者、④倒錯者たち、⑤人口と種族、という五巻のタイトルを見るだけで、フーコーの「性の歴史」が安易な「性風俗の歴史」などでは全くなかったことが分かるだろう。また「性の抑圧の歴史」でもない。さらに「なぜこれほど長い間、人々は性と罪を結びつけてきたのか」と問うことでも十分ではない。フーコーはこう明言する。

どのような道筋を辿って、我々は、我々の性に対して「過ちをおかす」に至ったのか。いや、性に対して、長いこと、そして今日なお、権力の濫用によって「罪をおかした」のだと自分に言いきかせている実に奇怪な文明となるに至ったのか。(『知への意志』一七ページ)

「性を断罪した」ことだけが問題なのではない。断罪してしまったことについてさらに「罪悪感を覚えている」という西欧社会の「症例」(同書、一六ページ)をフーコーは問おうとするのである。まさに西欧人の——そしておそらくは自分自身の——精神の奥の奥、襞の中の中まで進んでいく決意がフーコーを貫いているということを、彼について語ろうとする時、私たちは受け止めておかなければならない。そうすれば、性の歴史のプロジェクトが、最終的に古代ギリシア・ローマにおける身体（および精神）の自己管理の問題へと遡らざるをえなかったことが当然のことに思えてくる。キリスト教世界の性の問題は、突如木の股から生まれるごとくに立ち現れたのではないのだから。ただ、このあたりについては第8章「パレーシアと別の生」で詳しく語ることにしておきたい。本章のテーマの一つである生権力の話に戻ろう。

なぜ「性の歴史」において生権力という概念が重要な働きをするのか。先にも述べたように、青少年の性が管理されなければならないと人々が考えたからである。ただしすべての青少年ではない。ブルジョアジーの家庭に生まれた青少年たちの性こそが管理の標的になったものだとフーコーは見抜いていた。一九世紀はブルジョアジーの世紀とも言われる。たしかにこの世紀において社会の中心として力を発揮し出したのは彼らであったが、彼らは自らのアイデンティティをはじめから持ち合わせていたわけではない。馬車、邸宅、美食、そして女性たち、一九世紀のブルジョアたちの文化は、すべてが貴族文化の模倣から始まった。この時期のフランス文化の歴史をたどると、貴族文化を彩っていた様々な要素をまず自らのものとしたいという欲望が明確に見えてくる。一方フーコーの眼差しはそうした文化論の次元を貫き、さらに深いところへと到達している。「ブルジョアジーは自らの身体を欲していたのだ」と彼は言う。言い換えれば、真のブルジョア的身体の形成こそが、青少年たちの性の管理の眼目であった。では何によって管理するのか。新たな「性の科学」によってである。もちろん、「性愛の技術」についての知ではない。生理学、そしてやがては精神医学などの医学的知が、性についての異常や偏向がもたらす身体や精神への悪影響について語り始める。生権力は、常に何らかの真理と見なされるものに基づいている。先に述べたことと合わせれば、次のようになるだろう。生権力とは、真理に基づいて、大きな数の人間の集団を、身体と精神の両面において管理する権力である、と。一八世紀以来の都市政策などもそうだったし、重農主義もまたしかりである。生権力は、私たちの生活の様々な面において、科学的・医学的真理に基づきながら、私たちの生活に介入し、ある一定の水準にそれを保とうとする。一九世紀には、それがとりわけ性の領域に侵入してきたということである。では現在はどうか。一八世紀以来の衛生管理政策は、一九世紀には国民国家のもとでさらに発展した。医学の発達、医師の権威の増大などもそれに伴った。二〇世紀後半には、国民保険という制度が進行する。ちなみに、この制度は第二次世界大戦末期にイギリスで「ベヴァリッジ計画」として発案されたものだが、医療保険そのものは一八世紀のドイツですでに登場していた。日本の保険医療制度は、後者を模範として明治時代に立案され発展してきたものだが、現在、世界でもトップレベルにある。また、コレージュ・ド・フランスでの講義を読めば、フーコーはネオリベラリズムさえも生権力の一つの形態であると見ていたようだ。「真理に基づいて、大きな数の人間の集団を、身体と精神の両面において管理する権力」という先ほど提案した生権力の定義によれば、確かにそのように考えることも可能だろう。一八世紀に登場した政治経済学のみならず、「経済学」という学問自体が、人間の心理と資本の動きについてのある真理に基づいて、何らかの政策を提案するものだとすれば、「経済学」もまた生権力の一つの形であると言えるだろう。

では生権力は、その中でそれに支えられて生きる主体にどのような影響を及ぼすのか。あるいはどのような主体を形成するのか。フーコー自身が一九七七〜七八年の講義「安全、領土、人口」初日に与えている「生権力・生政治」の定義は、さらにもう一つ新たに重要な要素を滑り込ませている。

ヒトという種における基本的な生物学上の特徴が、ある政治（ある政治的戦略、ある一般的な権力戦略）の内部に組み入れられるメカニズムの総体（『安全、領土、人口』三ページ。部分的に改訳）

である。先に述べた「真理」とりわけ医学は人間からその生物学的特徴を抽出する機能を果たしているということになる。生権力のもとで、私たちは個々の人間であるよりも生物学的特徴であり、数値として存在する。先に規律権力は従順な主体を形成すると言った。規律権力に比べ、生権力は訓練や規律といった形態を取ることはあまりない。それもこう考えてくると当然だろう。個人の健康向上を謳いつつ、生権力の主たる関心は、ある一定数の人口の衛生や福祉厚生である。したがって、そのために生権力が規律権力と結びつくことは大いにある――ペスト発生時の防疫対策もまた規律権力の初期の現れだったことをフーコーは指摘している。ただ、生権力の側からすれば、あくまで私たちは様々な生物学的指標の集合にすぎない。私たち一人ひとりが一個の主体として構成されることなど生権力にとってはどうでも良いことなのである。

これはフーコーが述べていることではないと前置きしておくが、私は、生権力が私たちに与える影響のうちで最も大きなもの、最も危険なものは、依存ということだと思う。自分で判断して何らかの行為や状況を停止させることができない状態、あるいはそうした行為や状況なしでは生きていけない状態——つまり主体でなくなっている状態が依存である。アルコール依存症、ギャンブル依存症、ゲーム依存症など、様々な依存症が存在している。学校現場で問題となっているいじめもまた、いじめる側の子どもたちが一種の依存状態に陥っていることがその要因の一つではなかろうか——このことも一度ゆっくりと議論する必要があるだろう。それぞれの依存症が生権力に起因していると言っているのではない。依存状態に対する抵抗力が知らぬ間に失われているのではないかという点を危惧しているのである。何かをなしで済ます力、マイナスの方向を向いた力を生権力は失わせてしまうのではないだろうか。生権力が提供してくれる安楽な生活に慣れてしまう、あるいは慣らされてしまうといった方が良いだろうか。とにかくそうなってしまうと、私たちは例えば、電気なしの生活ができなくなってしまう。医療なしの生活、水道水なしの生活、交通機関なしの生活、等々、「〜なしの生活」をする力が私たちから奪われてしまっているのである。主体であることが危うくなった時、私たちがもう一度主体へと戻るための道は「〜なしの生活」なのかもしれない。自己の管理、自己の節制、等々、後期フーコーが取り上げた古代の主体化の様態は、なぜか今私たちにとっても必要な生活の様態であるように思える——もちろんフーコーが、生権力に対抗するために古代の研究へと向かったなどということでは全くない。このことは第8章で明確にするつもりである。

さらにもう一つ別の観点から見てみよう。私たちは生権力が提供する様々な利便・安全を生産するメカニズムの中に組み込まれ、それを作動させるため、そしてそのことによって経済を動かすために必要な媒体になってしまっているのではないだろうか。そしてその媒体とは、私たちの「生命」に他ならない。クローン技術の進歩はあるとしても、「生命」だけは今のところ人工的に生産することはできない。「〜なしの生活」ができない状態を産み出すことで、生権力は生きている。生権力のことを、フーコーは「生きさせる権力」だと言った。まさにその通りである。生権力の成長は、国民国家の登場と同時的であるだけではない。資本主義の成長とも同期している。私たちの生命は、単に国家による管理の対象としてではなく、資本主義的経済活動による巨大な利潤の産出に不可欠な媒体となっている。生政治について批判的な話をすると、よく「でも安全に、安楽に生きられているのだからいいじゃないか」というような反論が出る。しかし考えてもいただきたい。私たちは確かに安全に、安楽に生きているかもしれないが、私たちの生命を媒体として生産されている富は、とりわけこのグローバル化された世界の中で、どれだけの搾取や被害を、富めない国の人々に与えていることだろうか。私たちが生きているすべての場面で生権力が作動しているとすれば、私たちが食べ、移動し、働くこと、そしてさらに言えば、学んでいることや健康でいることとさえ、世界中に影響を与えているのである。とても「たとえ自分という主体が管理されていようと、自分はそれほど苦にならない」と言って平然としていられる状況ではないのである。フーコーが生権力・生政治という概念を提案した時代には、まだそこまでのグローバル化は進んでいなかっただろう。これは、現代に生きている私たちが、フーコーの作り出した概念から出発して考えなければならない問いである。規律権力と生権力という二つのミクロ権力のもとで、私たちは「本当の自分とは何か」「本当に自分がしたいことは何か」「自分は本当にどう生きたいのか」ということを問う勇気を持たなければならないだろう。そしてそうした問いこそ、フーコーその人が生涯をかけて問い続けた問いであったはずである。

第4章　シニフィアン（ラカン）

「シニフィアン」という概念はジャック・ラカンが作り出した概念ではない。しかもラカンは、例えば第6章で取り上げる「四つの言説」や、あるいは「サントーム」など、独自かつ難解な概念を数多く産出した人物である。多くの論者がそうした概念に取り組んで、多くのことを語っている。それにもかかわらず私が本書で、ラカンの思想において最も重要な概念としてまず選び出すのは、この「シニフィアン」という概念である。それは、言語学者ソシュールによって考案された「シニフィアン」という概念にラカンがきわめて独創的な解釈を与え、そのことによって初めて他の精神分析理論とは全く異なった彼の精神分析理論の展開が可能になったと私が考えるからである。ラカンの思想の基盤には「シニフィアン」という概念がある。「シニフィアン」という言葉にラカンが与えた独自の意味を十全に理解して初めて、彼のその他の概念も的確に理解できると言えるだろう。そして、とりわけその独自性を明確に示すのが、「一つのシニフィアンは他のシニフィアンに対して一つの主体を表象／代理する」というラカンによるシニフィアンの定義である。主体とシニフィアンはどう関わっているのか――「表象／代理」とはどういうことなのか。この問いこそ、ソシュールから引き継いだシニフィアンという概念をラカンがいかに展開させたのか、そしてどのような現代的意味を与えたのかを明らかにしてくれるはずである。

ソシュール、ヤコブソン、レヴィ＝ストロース、そしてラカン

まずフェルディナン・ド・ソシュール（彼の名字はド・ソシュールとするべきだろうが、慣習に従って本書ではソシュールとしておく）まで戻ってみよう。彼は、とにかく言語に対する天才的な感覚を持った人物だったようだ。一九世紀末、歴史的な言語の変化に何らかの規則性を見つけ出すことに懸命になっていた当時の言語学（当初は比較文法と呼ばれた）に、革命的な変更をもたらしたのが彼である。時間軸に沿ってではない。言語を横軸つまり歴史上のある瞬間に存在しているその状態において研究してみれば、ここにも言語固有の規則性があるというのである。前者が通時的、後者が共時的視点である。ここで規則性とは、一定の法則に従って決定されるという意味だが、言語に規則性があることは、言語についての学が、単に文法や意味についての知識の総体でも、正しい文を書くための決まり事でもなく、一つの科学として成立しうることの証しだったのである。もともとソシュールがこの「シニフィアン」という言葉を使った時は、この言葉は「シニフィエ」というもう一つの言葉と対になっていた。言語が意味を持ち、人間のコミュニケーションの道具として役立つのは、各国語の体系において、この両者の関係がそれぞれの語について「構造として」決定されているからであるとソ

シュールは考えた。音声として認識される情報と意味として認識される情報との間に、基本的には類似や相似といった連関はなく、各国語固有のコード体系によってそれらは結合されているだけであるという恣意性の発見が、その後に発展することになる構造言語学の出発点であった。したがってそもそも「シニフィアン」と「シニフィエ」とは片方だけが独立して存在することはありえない――ソシュールはこのことを最初期つまり十代に書かれた論文においてすでに気づいていたようである（互盛央『フェルディナン・ド・ソシュール』三八ページ、「意義なくして形態はなく、形態なくして意義はない」）。この両者の結合は、単独に存在する関係性ではなく、常に何らかの「構造」を前提とする。「構造」あってこその「シニフィアン」と「シニフィエ」なのである。シニフィアンは他のシニフィアンと「対立」しながら関係性を構築し、シニフィエもまた同様に対立による関係性を構築する。構造とはこの二つの関係性の間の関係のことである。

このソシュールの創案は、言語学固有の領域を超えて応用されることで、二〇世紀の人文諸科学のあり方を大きく変化させることになる。まずそのきっかけを作ったのはロシア生まれの言語学者ロマン・ヤコブソンである。彼がソシュールの理論を知ったのはプラハに移ってからのことであるが、そもそもモスクワにいた時から彼は詩のテクストの形式的分析に関心を持っていた。直感的に感じ取れる詩の感動が、テクスト上の音の配置を分析することで立証される。音は個々の単語のレベルを超えて分析され、いったん意味と分離される。二〇世紀初頭に文学の世界ではこうした音の自律性に基づいた実験的な詩の運動が各地で起きていた。そのうちの一つ、ロシアのフォルマリスムにヤコブソンは深く関わっていた。詩の中で自律的に構成されている音をヤコブソンは「音素」と呼ぶ。音韻論で使われるこの用語の意味を拡張したのである。本来「シニフィエ」と常に結合しているはずの「シニフィアン」に「音素」という新たな身分が与えられ、「シニフィアン」は独自に研究しうる対象となる。

こうしたヤコブソンによるソシュール理論の展開をさらに発展させたのが、レヴィ＝ストロースである。第二次世界大戦中にニューヨークに亡命したレヴィ＝ストロースは、同じくニューヨークに亡命中であったヤコブソンと出会い、婚姻関係の分析において、交換される項としての女性・男性に音素の構造的分析の手法を当てはめるという発想を得、『親族の基本構造』を書く。「構造人類学」の登場である。

一方ヤコブソンの方もレヴィ＝ストロースから影響を受け、隠喩と換喩という旧来の修辞学の中にあった概念を一般化し、範列からの選択と統辞的隣接という言語の意味作用を構成する二つのファクターへと格上げする。隠喩と換喩はもはや修辞学上の詩的効果の次元を超え、人間の言語能力一般と関わる作用になる。こうした隠喩と換喩についての理論が失語症研究の一部として完成するのは一九五六年前後である――失語症についてのヤコブソンの論文を読んでみると、第二次世界大戦以前つまりレヴィ＝ストロースとの出会いより前の時期には、音素論・音韻論中心だったことが分かる。ヤコブソンとレヴィ＝ストロースとの相互的な影響関係の中で、「シニフィアン」という言葉の意味は大きく拡張されたのである。では、こうした展開とラカンはどういう関係にあったのか。

ルディネスコの『ジャック・ラカン伝』によれば、ラカンはアンリ・ドラクロワの『言語と思想』を通じて一九三〇年代からソシュールの言語学のことは知っていた。一方、単なる精神医学の領域を超えた哲学的思索の深みを求めていたラカンが、パリの知識人たちと交流を始めるのは一九三三年前後、有名なアレクサンドル・コジェーヴのヘーゲル講義に通い始めるのも一九三四年からである。メルロ＝ポンティとは一九四四年春から、レヴィ＝ストロースとはさらに遅れて一九四九年から交流が始まり、一九五〇年にはレヴィ＝ストロースがヤコブソンをラカンに紹介する。上で簡単にたどったような、ソシュールによるシニフィアンとシニフィエによる言語の構造の定義が、大きく拡張され展開されていく、まさにその流れのすぐそばにラカンは身を置いていたのである。しかし彼が無意識の問題における「言語」の重要性を強調し始めるのは、パリ精神分析協会の分裂に巻き込まれた一九五三年前後からであり、その頃にはすでにレヴィ＝ストロースの『親族の基本構造』の革新的意義をラカンは明確に理解していた。象徴体系、ラカン風に言えば「象徴界」の優位である。しかし一九五〇年代前半までラカンは「シニフィアン」ではなくむしろ「文字（lettre）」という言葉を好んで使っていた——例えば有名な「『盗まれた手紙』についてのセミネール」（一九五五年）では、「シニフィアン」という言葉は使われているものの中心的な役割は与えられていない。ではこの言葉はラカンの思想の中でどのようにして重要な意味合いを持つに至るのか。だが、その前にラカンの文体について一言述べておきたい。

ラカンを読む

二〇世紀後半、フランスの思想界において最も難解な文章を書いていたのはラカンだった。とりわけ後期のラカンにおいてはその傾向が強いのだが、その時期のテクストの中でも最も重要かつ最も難解とされる「エトゥルディ」から、次のような文章を例に取ってみよう。冒頭近くにある文章である。

私がパロールをそこにもたらすことについて、セミネールという言葉があまりにもふさわしくないとはならないぐらいな、聴衆からの歓迎が私をそれらの文章から逸脱させていなければ、それらの文章の意味作用の関係について、私は精神分析の語らいについてそれらの文章が持つ意味を示したいと思っただろう。(« Étourdit » in *Autres écrits*, p. 449)

わざと直訳的に訳してはいるが、これを一読して、何が言いたいのか理解できる人はそう多くはいないだろう。要は、聴衆から大きな歓迎を受けたので（この文の前にある）それらの文章については詳しく述べないというようなことが言いたいのだろうが、なぜこんな回りくどい言い方をするのか。ラカンは「文とは解釈されるものだ」とはっきり述べている。言い換えれば、簡単に意味が分かってしまうような文章は、本当の意味での「文」ではないと彼は考えていたのだ。ほとんど、象徴派の詩法を突きつめたマラルメの境地である――ラカン自身はスペインの詩人ゴンゴラに自らをたとえていたようだが。しかし、こうしたラカンの文体はむしろ「秘教的」と形容すべきだと私は考えている。なぜなら彼の文体がきわめて難解になってくるのは、とりわけラカン派の立ち上げから、さらにパスという一種のラカン派精神分析家の資格認定制度を創設した頃からだからである。つまり、後期のラカンの文章は、彼の言うことを、「理解したい」と願い、そしてついに「理解するすべを身につけた」人たちだけに向けて書かれているのである。

ただし、初期の頃でさえ、ある種の難解さを備えた文体上の特徴がいくつも見られる。例えば、deあるいはàという前置詞の後に動詞の不定形を続ける形をラカンは好んで使っているが、この形は、たいていの場合、前にある別の動詞あるいは形容詞などがdeあるいはàを要求している。ところがラカンはそれを独立して使うことが多い。そうすると「〜するので」とか「〜することによって」という意味になるが、それがどういった関係性でどこにつながっているかは明確には指定されない。同じような複数の意味を持つことができるジェロンディフという形（en＋現在分詞）は、主文の主語にかかるため、文脈からどの意味で使われているか明確に判断できるからだろうか、ラカンはあまり使わない。ラカンの文体は、もともと曖昧さを好む文体だった。『エクリ』の冒頭に置かれた序文は、まさに本書の序章でも引用した一八世紀の博物学者ビュフォンの「文体は人そのものである」という言葉についてのコメントから始まっている。以下、邦訳があるものは、基本的には邦訳を採用しているが、本章で述べている私の考えに応じて訳し変えている箇所もあること、また『エクリ』については拙訳を使っていることをあらかじめ断っておく。

「文体は人そのものである」と繰り返し言われるが、この文に込められた意地悪な意味に気づく人も、また人間がそれほどに確実な参照項ではもはやなくなっていることを気遣う人もいない。

(*Écrits*, p. 9. 拙訳)

後半部分、「人間がそれほどに確実な参照項ではもはやなくなっている」ということこそ、『エクリ』を貫く、さらに言えばラカンの思想を貫く重要な発見であり、命題である。ラカンにとって真の参照項は、つまり真に主体として機能しているのは「人間」ではない。「シニフィアン」の方である。とはいえ、このことはラカンが人間に不信感を抱いているとか、人間の存在を軽く見ているとかいうことでは毛頭ない。事情は全く逆である。ラカンは人間を、より正確に言うなら、人間が自分の存在する世界に対して、そして人間が自分を揺り動かすもの——無意識の欲望——に対して、いかなる立場にあり、いかなる関係にあるのかという問いを、誰よりも深く、独創的に、綿密に考察した人物であった。曖昧さを好む彼の文体は、むしろそうした考察の進め方、組み立て方に関わっていたのだろう。

論理的時間

ラカンを読んでいると、文章の難解さとは別にもう一つ気づくことがある。論理的な時間関係に対するこだわりとでも言えるようなものが、彼の理論では重要な役割を果たしているということである。「事後性」という概念は、ラカン自身、自らがフロイトの中から取り出した概念だと強調しているが、確かにラカン流の「論理的時間」に基づいた概念である。もともとフロイトがこの言葉を使った文脈では、幼少期に生じたある事件、つまり大人からなされた誘惑行為が神経症の原因になっていたことが、後になってフロイトによる分析の結果、分かったというぐらいの意味であり、それほど深みのある用語ではなかった。一方ラカンにおいては、精神分析家の分析によって病の原因へとたどり着くことで、初めて病気が病気としての身分を与えられることになる。病気が先にあったわけではない。病気さえも分析の後から病気に「なる」。分析が行われる前に病気は「ない」ということになる。事実のレベルでの事後性が、ラカンにおいては論理における――あるいは権利における――と言っても良いかもしれない――事後性に変わっているのである。

こうした「いつからそれが始まるのか」という「存在の発生」に関わるような関係性を取り上げているのが、まさに「論理的時間」と名付けられた講演である。三人の囚人の背中には白か黒かいずれかの色の円板が張られている。白は三枚、黒は二枚ある。一人ひとりは他の二人の背中を見ることはできるが、自分の背中を見ることはできない。一番最初に自分の背中についている円板の色を言い当てた者だけが釈放されると所長は告げる。さて一人の囚人の目に見える他の二人の背中についている円板はいずれも白である。彼は自分の背中につけられた円板の色を推定できるだろうか。推論は次のように進むとラカンはまとめている。もし自分が黒であれば、他の二人は「もし自分も黒なら、もう一人は自分は白だと確信できるので、前に進み出るはずだが、相手は動かない。したがって自分は白だ」と確信できるはずだが、他の二人は動かない。それは私が白だからだ。結局目の前の二人が動き出さないのを見て、各人は自分の背中にある円板は白だと結論し、三人は同時に前に進み出る。この推論をラカンはソフィスムつまり詭弁と形容しているが、それはこの推論には肝心の所に一カ所難点が隠れているからである（*Ibid.*, p. 199）。つまりこの推論は、「他の二人が動き出さない」という点に基づいているのだが、最後に三人同時に進み出る瞬間、「他の二人は動き出している」はずである。だとすれば、その瞬間にこの推論は崩壊するのではなかろうか。疑いを持って一人が立ち止まったらどうなるか。自分が白であると結論する瞬間、他の二人は動き出しているのか、止まっているのか。自分が白と結論するためには他の二人は止まっていなければならないが、結論する以上それぞれは誰よりも早く動き出さなければならない。救われるのは一人だけなのだから。眼差しの時、理解する時間、結論する瞬間が一瞬のうちに結合し、また離反する。何が先なのか訳が分からないような、めくるめくような事態をこの推論は生じさせる。この論理的時間をラカンは主体としての人間と他の人間たちとの関係へと展開している。自ら人間であることを確信できるのは、他の人間たちが自分は人間なのか人間ではないのかという疑いを持つ瞬間があるからだということにならないだろうか。

分析の結末において主体はどこにいるのかという問題についても、ラカンは微妙な時間性を導入しながら議論している。フロイトが『続精神分析入門』において残した有名な「Wo Es war, soll Ich werden」という予言めいた言葉は、ラカン以前から様々な議論を呼び、様々な解釈を産んできたが、ラカンはやはりラカンらしく、一般に受け入れられている英語訳「Where the id was, there the ego shall be（かつてエスがあったところに、自我が来なければならない）」の解釈をまず否定するところから始める――ちなみに日本語訳では昔は「かつてエスがあったところを自我にしなければならない」（懸田・高橋訳）となっていた。一九五五年の「フロイト的もの」でラカンは、もとのフロイトの文では Es にも Ich にも das という定冠詞がついていないことを指摘する。そこで彼はフランス語訳として「Là où c'était, c'est mon devoir que je vienne à être（それがあったところに、存在しにやって来ることは私の義務である）」を提案し、さらに前半部分を「Là où s'était」としても良いだろうと付け加える（*Ibid*., p. 417）。つまり「エスがあったところに」ということである。いずれにしても、エスを自我が押さえつけるとか、自我がエスに取って代わるというような単純なことではない。分析主体としての私がそこへ行くということが、分析の終結へと至る道なのである。しかしラカンはこれぐらいでは満足しない。まさに件のシニフィアンの定義が最初になされた一九六〇年の論考「フロイトの無意識における主体の攪乱と欲望の弁証法」では、半過去というフランス語の時制の特徴を参照しながら、さらに解釈を展開する。フランス語では過去の過ぎ去ってしまった出来事や終わってしまった行為を表す単純過去と異なって、半過去はまさに imparfait という名前が示す通り、未だ終わっていない出来事や行為を表している。もし単純過去 là où ce fut として「そこにかつてあった」、したがって「今はもうない」という意味だとしたら、「どうやってそこに、自分を存在させるためであっても、今そう発言しながら、やって来ることができるのか」とラカンは言う。半過去はそうではない。「まさにその瞬間にそれがあったところ、少しの時間だけ、いまだに輝きを保ちながら消滅していくことと留まりいまだ到来しない出現との間で、それがあったところ」（ラカンは時々こうした詩的な表現をする）に、「私の語りの消失していく存在へと私は来ることができる」のである。この展開は、実は分析において言説に切れ目を入れることの重要性を述べている中でなされている（*Ibid*., p. 801）。つまり「分析において言説はつまずくこと、さらには中断することによってのみ価値を持つ」というラカン流のパラドックスが意味することは、主体がその中に安住している意味作用をいったんは断ち切らねば、何も進まないということである。そしてその進む先こそ、未だ消滅もせず、未だ到来もしないままかつてそれがあったところである。では「それ」とは何なのか。最終的にラカンは、「それは対象 *a* である」と言うだろう。

もう一つ見ておこう。今あげた「フロイトの無意識における主体の攪乱と欲望の弁証法」では、「シニフィアンの連鎖」と「意味」との間の時間関係が語られている（*Ibid*., p. 805）——一九五七～五八年のセミネール「無意識の形成物」で練り上げられた「欲望のグラフ」が完成した形で提示されたのがこの論考である。ある文を考えてみよう。それが文頭から文末へと発音される。文の意味はまだ決定されていない。ラカンはそれを左から水平に右へと伸びる線で表し、ある時点で下から来る線がそれを横切り、くるっと左回転して、水平の線のある程度もとへ戻った地点でふたたびその線を横切り下へと向かう。水平の線がシニフィアンの連鎖であり、順に発音されている音である。下からの線は、現実に発話している主体の欲望である。シニフィアンの連鎖はそれ自体としては意味を作り出していないが、下からの線によってどこかで切れ目を入れられた時、下からの線がカーブを描き、すでに発音された部分へと着地することで、初めて、言い換えれば「遡及的に」、意味が出現する。下からの線がカーブを描く部分は、その形から「クッションの継ぎ目（le point de capiton）」と呼ばれる部分である。今「線」と言ったが、その線は↓として書かれているので、実際には左から伸びる矢印が途中で下からの矢印と出会い、下からの矢印はカーブして、水平の矢印がすでに通ってきた「前の」時点に着地する。きわめて精妙な時間関係がここでも描かれていることが分かるだろう。「欲望のグラフ」の全体を、ここまで見たような時間のずれや事後性などを考慮して、もう一度読み直すとおもしろいかもしれない。ただ、それは私の手に余る——ラカンの提出した様々な概念装置の中でも、特に「欲望のグラフ」は精神分析の実践の中において理解すべきものだろう。

シニフィアンの到来

さて、ラカンにおけるシニフィアンというテーマに戻ろう。ラカンがシニフィアンという言葉を前面に押し出して語り出すのは、私の知る限り、一九五五～五六年のセミネール「精神病」からである。この年のセミネールは「精神病」と名付けられているにもかかわらず、そして、シュレーバーという歴史上最も有名かつ独創的な精神病者の一人を扱っているにもかかわらず、シニフィアンという言葉がもう一人の主役であると言ってよいくらいに、セミネールの一回目から最終回までラカンはシニフィアンの話ばかりしている印象を受ける。聴衆も相当面食らっただろう。構造主義の流行が始まる一〇年くらい前である。言語学が人文諸科学の基盤になることを感じていた人はまだ少なかっただろう。いつになくラカンも丁寧に様々な例を引きながら、シニフィアンという概念の重要さを説明している。ラカン自身かなり慎重に言語学を勉強したように思われる。とりわけ私が驚いたのは、明確な意味作用として言語が確立する以前にすでにシニフィアンの領域が個々の人間には備わっており、その人間が世界の中に住みつく過程をシニフィアンが支配していることを説明する場面である。なんとラカンは人間にとって「昼」と「夜」はただの自然現象ではないと言い出すのである。

昼は、昼が含んでいるすべての対象や、昼が露わにするすべての対象とは別のものです。(『精神病』上、二四八ページ)

昼と夜はそれだけですでに意味のあるコードであって、経験に基づくものではありません。昼と夜は、もとより一方が他方を含む共示なのです。一方具体的で経験的な昼とは、想像的相関物としてだけ現れるのです。(同書、二四九ページ)

つまり、言語という能力を備え、言語へと運命づけられている人間は、すべての経験に先立って昼と夜を対立させる「構造」を自らの内に持っているということである――ここでも論理的時間性が問題であることに注意しておきたい。ラカン自身「構造的必然性」と言っている。そしてこの議論が次のような議論につながる。

子供がランガージュを口にする以前に、それ自体すでに象徴的な次元に属しているシニフィアンの出現を仮定しなくてはならないのです。(同上)

人間は言葉を話す以前に、昼と夜という交替する現象をそれとして認識するための構造を持っている。それがシニフィアンの領野であり、人間の無意識を支配している領野、すなわち「大文字の他者」の領野である。

シニフィアンには他にもラカンが注目する特質がある。それは他のシニフィアンと結びついて存在するということ、そしてそうした次元で他のシニフィアンを集める特権的なシニフィアンがあるということである。ラカンが引く例はここでも意表を突く。街道である。人間が作った街道と象が熱帯の森に作る道いわゆる獣道とは全く違う。後者は象の通り道以外の何物でもないのに対し、街道はそれに沿って家が建ち、それによって街が結ばれ、歴史が刻まれる場所、「人間の経験においては動かしがたいシニフィアン」だと、ラカンは言う（『精神病』下、二三四ページ）。

> 精神病の場合に問題となるのはシニフィアンです。シニフィアンは決してそれ単独で存在するのでなく、必ず一つの一貫した連鎖をなしています。これがシニフィアンのシニフィアン性そのものです。だから一つのシニフィアンの欠如によって、必然的に主体のシニフィアン全体が巻き添えにされることになります。（同書、七八ページ）

「一つのシニフィアンの欠如」。これが「排除」である。「排除（Verwerfung）」は「抑圧（Verdrängung）」ではないとラカンは言う。抑圧されたものは、常にそこにあり続け、いつか回帰してくる。一方、「排除」は全く異なった事象を指している。

それは、原初的なシニフィアンが外部の闇へと拒絶されてしまうことです。（『精神病』上、二五一ページ）

論理は巧みに準備され、構築されている。昼と夜の構造のように未だ意味が到来しない時にすでにシニフィアンの領野があると指摘したのは、原初的と呼ばれるシニフィアンをそこに出現させるためだった。ところがそのシニフィアンの領野から何らかの機序によってその原初的なシニフィアンが排除され、欠損することがあり、それこそが精神病の本質だと言うのである――ラカンによれば、シュレーバーの場合は「父」であり「男」がそうした原初的シニフィアンである。ラカンは、フロイトが『日常生活の精神病理』や『夢解釈』の中で注目した、文字や音を媒介して言葉が入れ替わったり、記憶が消えたりする現象を、シニフィアンの連鎖によって無意識が構造化されていることによって起こる現象であると読み替えた――フロイト自身が「知覚記号（Wahrnehmungszeichen）」という言葉をソシュールより早く使っていたことにラカンは注目している。そしてさらに、そのシニフィアンという概念をもとにフロイトによるシュレーバー症例を読み直すことによって、精神病のメカニズムにまで分析を進めたのである。

しかしラカンのシニフィアンという概念はここにとどまらない。さらにもっと先へと進む。その到達点が本書冒頭で掲げた「一つのシニフィアンは他のシニフィアンに対して主体を表象／代理する」という定義であるが、セミネール「精神病」には、すでにその萌芽と呼べるような見解があったと言えるだろう。一九五七年の「無意識における文字の審級あるいはフロイト以来の理性」では、すでにラカンはシニフィアンという概念を自己薬籠中のもののように使いこなして、隠喩や換喩のメカニズムと、フロイトが『夢解釈』で論じた圧縮や移動といった夢の作業とを見事に結びつけて説明している。とはいえ、「シニフィアン」という概念がラカンの精神分析理論の中核において、主体の問題と明確に節合されるのは、やはり件の定義がなされてからである。いったいこの定義は何を意味しているのか。この問いこそ、本章の主要な課題である。

シニフィアンと主体――アファニシス

もう一度書いておこう。「一つのシニフィアンは他のシニフィアンに対して主体を表象／代理する」。この定義が初めて提示されるのは、先にも取り上げた一九六〇年九月にロワイヨーモンで開催された学会での発表「フロイトの無意識における自我の攪乱と欲望の弁証法」においてである。しかしその意味の十全な展開がなされるのは、さらに三年後の一九六四年一月から始まったセミネール「精神分析の四基本概念」の後半においてである――ちなみに、ラカンのセミネールのうち最初に刊行することをジャック＝アラン・ミレールが選んだのもまさにこの巻であった。また一九六〇年一〇月から一一月にかけてボヌヴァル病院で開催された学会での発表を一九六四年三月にまとめた『無意識の立場』(『エクリ』所収)においてもこの定義は重要な役割を与えられて登場している。

まずセミネール「精神分析の四基本概念」での件の定義に関わる箇所を読んでみよう――以下シ

ニフィアンについて使われるreprésenterという動詞はとりあえず「表象／代理」としておく。記号とシニフィアンの違いを説明する場面である。「無意識の立場」の中での定義もこれにほぼ対応している。

記号に関することはすべて、記号が何かを表しているかぎりは、誰かに対してであると見なしうるでしょう。ちょうどこれとは逆に、強調しておかねばならないのは、シニフィアンは、もう一つのシニフィアンに対して、主体を代表象するものだということです。

〈〔大文字の〕他者〉の領野に発生したシニフィアンは、その意味作用の主体を現出せしめます。しかし、シニフィアンがシニフィアンとして機能するとき、シニフィアンは、問題の主体をも、もはや一つのシニフィアンでしかないものにまで還元してしまいます。（*Le Séminaire XI*, p. 188、『精神分析の四基本概念』二七七ページ）

二つの機序がある。まず、主体は最初のシニフィアンが「大文字の他者」の領野に現れた時に出現する。次に、その途端主体はシニフィアンでしかなくなる。ここで「大文字の他者」の領野とは、言語へと運命づけられた人間が持つ領野（昼と夜を構造として捉える領野）である。その領野では「最初の」と言われるシニフィアンはすでに他のシニフィアンとの関係にあり、それならば主体もすでにそこにあるはずである。どうやらこれまで強調してきた「論理的時間」がここにも関係しているようだ。ラカンは、象形文字が一面に書かれた石を例に挙げる。私たちがそれを見て、これを書いた主体が背後にいると考えるのは、その意味が分かるからではなく、文字つまりシニフィアン同士が関係を持っていることが確かだと考えるからだとラカンは言う。そうした観点からすれば、シニフィアン同士の関係があってはじめて主体は存在するのであり、それまで主体は「現れるべき主体（sujet à venir）」（*Ibid.*, p. 181、同書、二六五ページ）にすぎなかったことになる。だとすれば、すべてのシニフィアンもそして「最初の」シニフィアンも「現れるべきシニフィアン」だったのではないだろうか。その通りである。すべては一挙に出現するはずである。しかし論理的時間の順序においては、あくまで「最初の」シニフィアンが「まず」現れる必要がある。同時であるが同時ではない。そのシニフィアンは他のシニフィアンとともに、主体とは独立して構造を作る――ソシュールのラングの定義からしてそうであった。そしてシニフィアンの構造ができた（他のシニフィアンの効果）途端、主体は不要になる。シニフィアン成立の論理的瞬間を目をこらしてもう一度見てみよう。初めのシニフィアンが出現すると、そこに主体もいる。まだぼんやりと、「来たるべきもの」としてである。次のシニフィアンが来る。その時そのシニフィアンを到来させる主体は初めのシニフィアンと同じ主体であるはずだが、その瞬間にシニフィアン同士の関係によって、もはや主体ではなくなり初めのシニフィアンに取って代わられている、つまり代理されている。なぜならシニフィアンの構造が成立した途端、もはや主体の場はないからである。これが主体の「アファニシス（消失）」あるいは「fading」と呼ばれる事態である。そして最初のシニフィアンを出現させる場面とシニフィアンの構造によって消失させられる場面の間で、「疎外」あるいは「ヴェル」という「生と死」の間の選択に主体がさらされる事態こそ、「主体の分割」と言われているものである。シニフィアンの構造が出現した途端、一つのシニフィアンから見ると、主体は初めのシニフィアンの後ろに隠れてしまい、見えなくなってしまう。本当になくなってしまうのではない。あくまでfade outするだけである――ラカン自身、ラジオなどで周波数の関係で音が小さくなる現象を意識してこの言葉を使っている。

フランス語では「表象する」も「代理する」もreprésenterという動詞で表現されるのでまぎらわしく、これまでも「代表象」あるいは「代理表象」(私自身第6章で扱うジャン・ウリの『コレクティフ』の翻訳ではこう訳している)などのように、様々に訳されてきた。シニフィアンの定義に関して先に引用した「記号が何かを表している」という文言でも、実は「表している」はreprésenterである。ただ、「シニフィアンは、もう一つのシニフィアンに対して、主体を表すものだ」としても、日本語としてどうしても意味が不明確である。ある時ラカンはシニフィアンについて明確に図解して説明している。「無意識における文字の審級とフロイト以来の理性」という一九五七年の論考の中に含まれている、二枚のドアの上にそれぞれ「男性」、「女性」と書かれている有名な図である(*Écrits*, p. 499)。しかもその図の上には「誤った例」として、木の絵の上に「木」と書かれている図が示されている。つまりシニフィアンは、当の最初から何かを「表象する」ものではないと想定されているのである。ではなぜ、これまで「表象」に皆がこだわってきたのか。それは「表象の代理」というメカニズムがあまりにも重要だったからだろう。フロイトのVorstellungsrepräsentanzという用語のフランス語訳について、ラカンはセミネール「精神分析の四基本概念」の途中で述べている。フロイトの用語では表象が

Vorstellung、代理が Repräsentanz として区別されており、Vorstellungsrepräsentanz は「表象の代理 représentant de la représentation」だとラカンは断言する。ここで使われている représentant は représenter の現在分詞からできた、通常「代表者、代理人」を意味する名詞である。ただ「表象の代理」という概念は、メタサイコロジーについての論考の一つ「抑圧」などにあるように（『フロイト全集』14、一九七ページ。特に編注）、フロイトにおいてはあくまで精神病や神経症を発生させる「抑圧」のメカニズムとして導入されていたはずだ——もちろん通常人においても存在はしているだろうが。シニフィアンの一般的定義とは区別して考えるべきではないだろうか。件の定義と「表象の代理」とが一緒に出ている箇所を見てみよう。長くなるが、重要なところなので関係する箇所の全体を引用しておく。

我々はこの「Vorstellungsrepräsentanz」を疎外の最初のメカニズムに関する我々のシェーマの中に位置づけることができます。このシェーマはシニフィアンの最初のカップリングであり、第一のシニフィアン、すなわち一なるシニフィアン signifiant unaire が〈大文字の他者〉の領野に出現するかぎりにおいて、そしてそのシニフィアンが他のシニフィアンに対して主体を表象／代理するかぎりにおいて、主体は〈大文字の他者〉の中に現れるということを理解させてくれます。そしてこの他のシニフィアンの効果として主体の消失（アファニシス）が生じます。ここから主体の分割という事態が生起します。それは、主体がどこかで意味として現れるとき、別のところで主体は「消失 fading」として現れる、ということです。ですからそこには一なるシニフィアンと、主体の消失の原因である対となるシニフィアンとしての主体との間に、生と死という事態が存在するのです。「Vorstellungsrepräsentanz」は、この対となるシニフィアンのことです。

このシニフィアンこそが原抑圧 Urverdrängung の中心点を構成することになります――原抑圧、すなわち、フロイトの理論に示されているように、無意識へと移されて、他のあらゆる抑圧がそこから可能になるような、シニフィアンとして下へと移されたもの、「押し下げられたもの」の場への他のすべての同様な移行が可能になるような、「引力 Anziehung」の点となるものの中心です。こういうことが、「Vorstellungsrepräsentanz」という言葉において問題となっていることです *Le Séminaire XI*, p. 199、『精神分析の四基本概念』二九四ページ。部分的に改訳)

なるほど、「主体の消失」と「主体の分割」までは良い。原抑圧以下もよいだろう――原抑圧の中心となる「このシニフィアン」とは「対となるシニフィアン」であることだけを確認しておけばだが。ただ「主体の消失の原因である対となるシニフィアンとしての主体との間」というところが引っかかる。「対になるシニフィアン」がなぜ主体なのだろうか。原語は、le sujet en tant que signifiant binaire, cause de sa disparition である。つまり、対となるシニフィアンが自らその消失の原因となった当の主体となって一なるシニフィアンと生と死の戦いをすることになる。具体的に一つの症例の解釈に沿って詳しく見てみよう。

狼男

セミネール「精神分析の四基本概念」で、ラカンは「フロイトの最も偉大で最もセンセーショナルな分析」と最大限の賛辞を送りつつ、有名な「狼男」の症例を使ってシニフィアンと主体の関係を説明している。患者は、動物恐怖症を伴う幼児期神経症を経験していたが、その後いったん通常の生活を送り、青年期になって生活に破綻をきたしてフロイトの分析を受けるようになった。幼児期に患者が見たと言う「窓の外の木にとまった狼がこちらを見ている」夢の解釈が分析の中心である。ラカンにとって、フロイトによるこの症例は非常に重要であり、繰り返し様々な観点から検討を行っている。例えば、前年のセミネール「精神病」でラカンはこう言っている。

「狼男」において、例の原初的な光景の最初の印象は、何年もの間、何の役にも立たず留まっていました。しかし言うべき語を主体の歴史の中で獲得する以前に、それは既にシニフィアンだったのです。ですからシニフィアンは最初に与えられているのです。しかしそれは、主体がそれを彼の歴史の中へ入り込ませない限り、何物でもありません。ところでこの歴史は、一歳半から四歳半の間にその重要性を獲得します。性的欲望とは、掟が初めて導入されるのはこの水準においてであるという限りで、人間が自己を歴史化するのに役立つものです。(『精神病』上、二六一ページ)

幼児は何かを見た。おそらくはフロイトの言うように両親の後背位からの性行為だろう。その光景をそれが引き受けている何らかの「こと」とともに幼児は記憶する。ところが何年かたって姉からの誘惑（性器を触られる）によって性的欲望が彼に現れる頃、ずっと「何物でもなかった」第一のシニフィアンはついに本当の意味でシニフィアンつまり「一なるシニフィアン」になる。幼児は何かを理解して「意味」が生じるが、その途端第二のシニフィアンによって、第一のシニフィアンは、やっと現れた主体とともに排除される。両親の性行為の視覚像は狼男にとって、彼の中に蓄積されてきた様々な視覚像との関係性の中で、またようやく出現してきた性的欲望の中で、ついにある何らかのシニフィエと結合する。その瞬間、同時に彼の無意識の主体が成立する。主体とシニフィアンとシニフィエが同時に生起する。どれが前でも、後でもない。この三者の同時的な関係性こそ「表象」という言葉で指し示されているものである。ところが「狼男」の場合、第二のシニフィアンによって第一のシニフィアンが見えなくなる。「表象」によって第一のシニフィアンとつながっている主体も消失する。そしてその消えた主体の場所に第二のシニフィアンが来る。第二のシニフィアンはこうして第一のシニフィアンとシニフィエと無意識の主体に、一挙に取って代わる、つまり「表象の代理」となる。そしてその第二のシニフィアンが無意識の構造の中で原抑圧の中心点を構成する。ラカンの解釈はこうである。

『狼男』の中で、夢で窓に急に狼が現れますが、それこそが主体の喪失を表すものとしての「s」の機能を果たしているのです。

それはただたんに主体が、この木にとまっている七匹の狼の眼差しに——ちなみに彼の絵の中では狼は五匹ですが——魅惑されているというだけではありません。要はこれらの狼の魅惑された眼差しが実は主体自身だということです。(*Le Séminaire XI*, p. 227、『精神分析の四基本概念』三三九ページ。部分的に改訳)

夢の中に現れた狼たち、より正確に言えば狼たちの眼差しこそが、表象を代理するものであり、主体(の喪失)に取って代わるものである。先に引用した箇所に照らし合わせれば、狼たちの眼差しは「他のシニフィアン」、「対になるシニフィアン」である。「一なる」、第一のシニフィアンではない。次の引用で、邦訳は「この狼という原初的シニフィアン」と説明的に訳しているが、実は原文では **ce signifiant originel** となっているだけで、この ce という指示形容詞は、セミネールであることを考えるとラカンが黒板に書いていた図の中のSを指しているのではないだろうか(このあたりは原文の校訂に問題があることを、立木康介氏のご教示によって、Patrick Valas 版を参照しながら確認した)。あくまで「狼の眼差し」は「第一のシニフィアン」(両親の性行為の視覚像)ではない。「対となるシニフィアン(signifiant binaire)」、「他のシニフィアン」なのである。先ほど疑問を呈した「対となるシニフィアンとしての主体」とは、こうした事態のことだったのである。そしてラカンはさらに続けて言う。

この症例全体はいったい何を示しているのでしょうか。それは、この患者の生のそれぞれの段階で何かが起き、この原初的シニフィアンがそうであるところの決定的な指標の価値をそのつど刷

新してきたということです。（Idem., 同上。部分的に改訳）

狼の眼差しは原抑圧の中心となって、他の様々な抑圧を引き寄せ、患者の生を支配し続けた。そもそもの原初的なシニフィアンは主体とともに「外部の闇へと拒絶」されてしまっている。精神分析は、単なる夢の解釈ではない。この第二のシニフィアンによる第一のシニフィアンの隠蔽を解きほぐし、第一のシニフィアンとつながっている主体に言葉を与えることである。隠喩において、例えば「辛い時代」を人生の「冬」と呼んでみれば、そこから「雪」が降り、「氷」が湖を覆い、またやがて「春」が来て、木々の「芽」がふき、「花」が咲くように――修辞学では、これを métaphore filée（連続的メタファー）と呼んでいる。精神分析の仕事は、こうしたシニフィアンの連鎖を止めたり、動かしたりしながら、少しずつ消失した主体に「言葉」を与えることであろう。ラカンが国際精神分析協会から除名される最大の原因は、彼の短時間セッションによる手法であったが、こうして見てくると、彼の分析はただ短かっただけではないことがよく分かる。彼が目指したのは、患者の言葉に切れ目を入れ、第二のシニフィアンの回りに集結したシニフィアンの連鎖による第一のシニフィアンの排除を解きほぐすことによって、「主体がいったいどんな――無意味で、還元不能で、外傷的な――シニフィアンに、自分が主体として隷属しているか」を主体が見ること、そしてついには主体が「到来」することなのである（*Ibid.*, p. 226、同書、三三八ページ）。

さて、最後に長らく日本語にどう訳すべきか答えが出ていなかった問いに答えておこう。Un signifiant représente un sujet pour un autre signifiant. このフランス語は「ある一つのシニフィアンは他のシニフィアンに対して主体の代わりをする」とでも訳すべきであろう。表象という意味合いは、実はこの文章の中には入っていない。「表象の代理」があまりにも重要であるために、私たちはこの定義の中の représenter という動詞に過大な意味を与えたくなるのだが、この定義そのものは「表象の代理」以前の話である。件の定義の中での représenter は、実は次のようなよくある用例の中の représenter とさほど遠くない使われ方をしているのである。

M. Dupont représente sa société pour un client.（デュポン氏は顧客に対して彼の会社を代表している。）

「代表」と「代わり」や「代理」では違うではないか、と思う人もいるかもしれないが、フランス語ではすべて représenter という動詞が持っている意味である——そしてすでに見たように「表象する」も「表す」も。フランス語は、抽象的なレベルで見た時に同じメカニズムや同じ関係性を持つ事態を同じ一つの言葉で表すという特徴を持っている。représenter は自分とは異なる別の何かの変わりをする事態すべてに使われる動詞である。「代表」の場合、「代表されるもの」は何か自分より大きな存在、自分とは異なったレベルにあるものの代わりをして、その働きを担っている。日本語の語感では、「代理されるもの」は「代表されるもの」より規模は小さそうだが、関係性は同じである。ラカンも、「表象の代理」に関して、「外交官」と「国」の関係を挙げて説明している（同書、二九六〜二九七ページ）。例文では、顧客はデュポン氏を通じて会社の商品を買ったり、サービスを受けたりするのであり、現実にはデュポン氏の個人的な魅力が顧客を集めるのに大いに役立つとはいえ、顧客にとってはデュポン氏がどんな生活をし、どんな家庭を持っているのかは本来何の意味もない。外交官の場合も、その人物の個人的な魅力や能力は交渉において非常に重要であるが、国家間の関係としての外交の次元では、そうしたものは「無意味」であって、外交官の言葉は常に「国」の言葉としての次元で理解されなければならない。ただ、会社の例も外交の例もそこまでにしておかなければならない。なぜならラカンの定義の場合、あるシニフィアンが別のシニフィアンにとって主体の代わりとなる以上、主体はもう必要ではない。シニフィアンと他のシニフィアンとの関係、つまり「大文字の他者」の領野に主体の場所はない。ソシュールにおいて国語を成立させる条件として考えられたシニフィアンの構造（とシニフィエの構造）の独立性が、ラカンによって主体を外に置く力を持つものとして定義し直されたのである。シニフィアンこそが今やすべての成り行きを決定する支配者である。ラカンによるシニフィアンの定義は、先に見た『エクリ』冒頭に置かれた文の中の「人間がそれほどに確実な参項ではもはやなくなっている」ことをまさしく示しているのである。主体はずっと世界に意味を与えるものであった。そのことを極限にまで推し進めた現象学においてもそうだった。主体の脆弱さを極限にまで追究したハイデガーにおいてさえ、やはりそのことは維持されていただろう。ところがソシュールの言語学や構造主義を糧としたことで、ラカンはさらにその先へと進んだのである。

【付記】

ラカンは件の定義をいつ頃完成させたのだろうか。すでに書いたように、初めてこの定義が確認される一九六〇年九月一九日から二三日の間にロワイヨーモンで開催された学会での発表「フロイトの無意識における自我の攪乱と欲望の弁証法」では、次のようになっている。

> 我々のシニフィアンの定義（他にはない）は、シニフィアンとは他のシニフィアンに対して主体を代理するものだということである。このシニフィアンはしたがってそれに対して他のすべてのシニフィアンが主体を代理するシニフィアンということになるだろう。すなわちこのシニフィアンがなければ、他のすべてのシニフィアンは何も代理しないことになる。何かに対して以外何も代理されることはないのだから。（*Écrits*, p. 819、拙訳）

後半部分は、発表全体の文脈に応じて一つの特権的シニフィアンについて述べられているが、はじめのところで「我々のシニフィアンの定義（他にはない）は」という言い方がなされており、これより以前に件の定義は完成していたと考えて良いだろう。ラカンのセミネールで少し確認してみよう。一九五八～五九年度は「欲望とその解釈」、一九五九～六〇年度は「精神分析の倫理」である。おそらくこのあたりの年代にシニフィアンの定義が練り上げられていったはずだ。

まず前者のセミネールから見てみよう。

一九五八年一一月一二日のセミネールでは、欲望のグラフの第一段階の図とともに、受信者・記号・記号が意味する第三のもの（une troisième chose）という構図が誤りであることを指摘しながら、次のように述べられている。

> ところで、シニフィアンに関して、こうした構図は誤りです。というのもシニフィアンが価値を持つのは、それが代理していることになる第三のものに対してではなく、自分とは異なった他の一つのシニフィアンに対してなのです。（*Le Séminaire Livre VI*, p. 21）

しかしここではまだ主体とシニフィアンの関係が導入されていない。しかしこの年度のセミネールの中で、「アファニシス」（一二月一七日）や「fading」（一九五九年四月一二日）といった主体の消失に関わる用語が登場していることが確認できる。後者が使われている一文を見ておこう。

確かに、対象関係と呼ばれるものは、常に主体が要求のシニフィアンに対して持つ関係であり、よく言われるように事物に対して持つ関係ではありません。そしてこのことは、主体の fading と言われる特権的な瞬間において生じるのです。(*Ibid.*, pp. 368–369)

だいぶ件の定義に近づいてきているが、まだ完成はしていない。次年度に移ろう。この年度では、まず「抑圧」の問題とシニフィアンが関係づけられている(一九五九年一二月九日)。ドイツ語における事物(Sache)と、もの(Ding)の対比から、事物表象(Sachvorstellung)はあるが、もの表象(Dingvorstellung)はないという話になり、「もの」は「真の秘密」という地位に置かれる。そしてフロイトの「抑圧」の解釈についてこう言われる。

つまり、抑圧が作用するのはシニフィアンに対してであるということです。主体とシニフィアンとの関係の周囲にこそ、抑圧という基本的な体制が組織化されるのです。(『精神分析の倫理』上、六五ページ)

そして「表象代理」が登場する(一二月二三日)。

〔もの〕は、私の中心にあるのに、私にとって「異質な entfremdet」ものであり、無意識の水準で、ひとつの表象によってただ表象〔代理〕されるだけのものです。(中略)「表象代理」とは、無意識において記号として、表象を、すなわち把握の機能としての表象を、代理しているもののことです。(同書、一〇八ページ)

さらに年度の後半では、シニフィアンと主体の関係が密接につなげられる。ラカンは「善」という問題でさえ、シニフィアンの次元で捉えるべきだと言う(一九六〇年五月一一日)。

主体が本来表象しているものとは、次のことにほかなりません。それは、彼は忘却することができる(il peut oublier)ということです。この「彼 il」を取り除いてください。主体は、文字通り、その根源において、一つのシニフィアンの省略、連鎖の中で飛ばされたシニフィアンです。(『精神分析の倫理』下、八八ページ)

主体は一つの欠けたシニフィアンとなる、という考えがここで現れているが、これ以上展開されることはない。そして最終日七月六日までたどっていっても、ついに件の定義が語られることはない。

あくまで不完全な調査だが、以上のことから、件の定義がラカンの中で完成したのは、おそらく一九六〇年七月から九月中旬までのヴァカンスの間だったと推測できるのではないだろうか。

第5章　中立的なもの（バルト）

ロラン・バルト、この繊細で柔軟な思考と美しいフランス語の表現を兼ね備えた人物は、「生を変えよ」などと私たちに声高に檄を飛ばすことなど決してなかっただろう。彼の、まさにビロードのような、少しばかり鼻にかかった心地よい声は、叫び声を上げるのにはおよそ向いてなさそうだ。そもそもすべてを一色に塗りつぶすもの、ニュアンスのないものを最も嫌った人であった。例えばきわめてバルトらしい自伝（むしろ自己描写）である『彼自身によるロラン・バルト』では、「大文字のシニフィアンから抜け出るものはすべて罰しようとする全体性の亡霊」が、彼の夢（社会主義的な社会にブルジョア的生活術が持ついくつかの魅力を導入してみたいという!）を妨げることをバルトは嘆いている。イデオロギー、アジテーション、大声を張り上げての議論などからは身を離したい人であった――一九六八年の五月革命のただ中にバルトがどれほど居心地悪そうに身を置いていたか、西川長夫『パリ五月革命私論』には、まさしく私的にそのことが回顧されている。他人の人生を変えるなど、彼には全く興味がなかっただろう――西川氏の人生を変えたのはバルトからの招待状であったが。もし彼が私たちに勧めることがあるとすれば、déjouer しなさいということである。

「デジュエ」と「中立的なもの」

déjouer――この動詞をフランス人が使うところを私はあまり聞いたことがない。あまり美しい響きの言葉でもないが、バルトは折に触れて使っている。辞書では「裏をかく」や「失敗させる」という意味が与えられている。しかしこれだけではよく分からない。用例の中でどんな名詞が目的語になっているのかを見れば、少しはニュアンスがつかめるだろう。déjouer する対象は les intrigues（陰謀を挫折させる）、la surveillance（監視の目を盗む）、les calculs（予測を裏切る）、la fatalité（宿命を逃れる）とある。つまり、私の意志に関係なく、私に何かをさせようとする力、何かをさせないようにする力、何かを信じさせようとする力に、正面から闘いを挑むというよりは、とにかくその力の影響を直接受けないように身をかわすことが、déjouer という動詞が表している身振りである。ところで、バルトがコレージュ・ド・フランスで行った四年間の講義は、あたかも突然の事故死を予測していたかのように、まさに人生の締めくくりといった内容になっているのだが、特にその二年目の講義「中立的なもの」では重要な箇所でこの言葉が何度も出てくる。言い換えれば、この「デジュエ」という動詞と「中立的なもの（le neutre）」という（形容詞から作られた）名詞が指す内容とは、密接に関わっているということである。この「中立的なもの」という概念にバルトはどんな意味を与えていたのだろうか。そしてその意味は、私たちにとって「生を変える」ためのどのような示唆を含んでいるのだろうか。これが本章のテーマである。

バルトの生

とはいえまず簡単に、バルトという人物について振り返っておこう――何度も言ってきたように、概念はそれを作った人物の生や身体と、直接的にではないにしても何らかの仕方で、深く関わっている。バルトは、多くのフランスの哲学者や思想家がそうであるような、いわゆる知的エリートの経歴を経た人物ではなかった。ソルボンヌ大学でギリシア演劇を学び、いくつかの高校や海外にあるフランスの文化施設でフランス語の教師をしつつ、少しずつ雑誌のための文章を書くようになる。後に『神話作用』や『零度のエクリチュール』の中に収められることになるいくつかのエッセーは一九四〇年代前半に書かれており、言語学や記号学の知識を本格的に得るより前のものである。ごく平凡な教師であったろう三十代前後の彼の中には、生涯彼の知的活動の基盤となる、対象から少し離れたところに身を置いて、人々が無意識のうちに受け入れている、あるいはそれに惹かれている「意味作用」を発見していくという独特の眼差しがすでに形成されていたようだ。パリの知的世界との関わりが深かった祖母の影響もあるかもしれない。精神分析的な意味での無意識のみならず、人の知的なセンスなども、父母を超え、二世代、三世代前からの影響を受けていることがある。しかし何より若きバルトの知的形成を大きく左右したのは、早すぎる父の死とそれによって生じた、バイヨンヌという大西洋に面した美しい町での母との親密な生活と、結核を患ったことによって余儀なくされたサナトリウムでの生活という二つの「生」だった。ただ自らの根底にあったそうした繊細で静かな「生に対する態度」を、バルトがはっきりと表に出せるようになるのは実は人生も半ばを過ぎてからのことである――のちにバルトはそれを「新生（Vita nova）」と呼ぶだろう。当初バルトは、むしろ新しい文学運動・批評運動の旗手、記号学の新たな展開の開拓者、そしてマス・メディア的には実存主義を乗り越えようとする「構造主義」陣営の代表者の一人といった風に捉えられていた。一九六〇年代後半には、本来の構造主義者であるレヴィ＝ストロースと並んでラカン、フーコー、バルトまでもが構造主義の旗手とされていた。何か新しそうなものはマス・メディアによってすべて構造主義と喧伝されたのである。例えば「作者の死」という概念には、確かに何か挑発的と言って良さそうなところがある。ただその意味するところをじっくり理解すれば、バルトの言おうとしていることは、今から思えば非常に理にかなったこと、少しだけ従来からの伝統的な考え方から身を離して見直してみれば、十分に納得できることである。ある作品は世に出されたその時から、たとえ作者の名前が消えることはなくても、作者を離れ、様々な他の作品との関係性の中に入る。作品はそれ自体の構造において、あるいは他の作品との類似性や対立において研究されうることになる。弟子であったジェラール・ジュネットが展開するテクスト研究は、ほとんどすべてバルトから引き継いだものだ。あるいは「零度のエクリチュール」はどうだろう。バルトが「エクリチュール」という言葉に与えた全く新しい意味は確かに斬新だった。同時代のすべての作家が従っている言語行為の体系（ソシュールの「ラング」という概念を文学行為に適用したもの）と、それぞれの作家にとってほとんど自らの身体のような——つまり選択することができない——文体との間にある、書く行為によって作家が社会の中に自らを位置づける仕方のことを「エクリチュール」と名付けることによって、それまで「作家の個性」というような曖昧な語られ方をしていたところに鋭敏な切れ目を入れたのである。フロベールのような作家のエクリチュールを、文章を推敲し磨き上げる「職人的エクリチュール」としたのは説得力のある慧眼だ。バルト自身が肌で感じた作家の仕事の特徴を見事に概念化している。ただ、この概念には疑問を持ちたくなる点もある。現代の作家たちがそうしたエクリチュールの崩壊——崩壊ではなく変容ではないだろうか——に立ち会っているとしている点や、一九世紀の作家と一七・一八世紀の作家のエクリチュールをひとまとめにしてブルジョア的エクリチュールとしている点などがそうだ。バルト自身「零度のエクリチュール」が実際に存在するとはどうやら考えていなかったらしい。

結核の療養のため大学の教授資格を取ることができなかったバルトであるが、一九六〇年から普通の大学とは異なった機関である国立高等研究院の教授になり、いわゆるアカデミックな世界に身を置くことになる。修辞学や記号学についての考察が主な研究テーマとなる。そんな中で発表された『ラシーヌ論』は素晴らしい。私は初期の傑作だと考えている。例えばラシーヌの劇を通じて現れる地中海に三つの種類があることや、舞台の外こそ事件が起こる場であることなど、ラシーヌの悲劇の特徴をなす構造を見事に浮き出させている。「作者の死」どころではない。バルトの批評は作家の本質に光を当てる新しい方法論でもあった。ところがこの著作が大きなスキャンダルの原因となる。伝統的な文学研究を代表していたソルボンヌ大学のレイモン・ピカールは、単にジャーナリスムが仕掛けた挑発に乗ってしまったのだろう。バルトが伝記的な事実とは全く無関係なところで作品を分析していることを摘発したのである。「バルト―ピカール論争」によって、バルトは新しい批評の代表者ということになった。一方、記号学へのアプローチはやがて二つの重要な著作となって実を結ぶ。『モードの体系』と『S／Z』である。しかし国立高等研究院でのセミナーに基づいたこの二作は、ある意味で非常に恣意的な記号学の適用による成果であって、今読んでなるほどと手を打つようなところはあまりない。モードの言語に特有の言語表現を浮き彫りにすること、小説の文章が持つ意味の切れ目を句読点を超えて摘出していくこと、結局そのどちらでも、自らが直感的に感じ取ったものをある何らかの――この場合は「記号論的な」――理論で裏打ちしながら言語化するという、バルト特有のエクリチュールが繰り返されているにすぎない。ただ、記号学の本流からバルトは常に外れたところにいた。これもまた、大げさな理論に対して本章のテーマでもある「デジュエ」という態度を取るバルト特有の仕草の一つの現れととるべきかもしれない。理論を振りかざして、対象を切り刻むのではない。あたかも『記号の帝国』(最初の邦訳では『表徴の帝国』)で、日本の箸が魚の身をその身の本来の筋目に従って切り分けることを賞賛したように、モードの言語やバルザックの文章にバルトは切れ目を入れていくのである。

コレージュ・ド・フランス、母の死

バルトは次第に「自分流」を表に出し始める。そもそも彼の仕事の仕方は、カードにメモをため、それを入れ替えたり、並べ替えたりしながら、構想を練るというものだった。サナトリウム時代に全著作を読んだというジュール・ミシュレについての本も、そのようにして、長い年月と紆余曲折を経て書かれた。はじめは学位請求論文にしたいと望んでいたものが、スイユ社の「永遠の作家」という入門的叢書の中の一巻として出版されることになったのである。そして同じ叢書に『彼自身によるロラン・バルト』というタイトルで、その叢書としては例外的な、本人による自伝が一九七五年に出版される。ところがそれは、はじめに述べたように、「自伝」というカテゴリーにはとても入らないような独創的なスタイルで書かれた著作だった。自らの好むもの、嫌うもの、などが、「彼」という三人称の主語のもとで順不同に並べられている。それぞれが短い断片である——つまりカードに記したメモをそのまま並べたという形式なのである。この形式は、すでに一九七〇年の『記号の帝国』でも出現していたが、いずれにしろ一九七五年以降バルトは、もはや伝統的な書物のエクリチュールで書物を書くことはしない。後に出版される『恋愛のディスクール・断章』もそうである。そして一九七六年、ついにバルトは、長い友情の期間ののち関係が途絶えていたフーコーの支援を得て、最高学府とも言えるコレージュ・ド・フランスの教授に選出される。教授選挙への立候補の際にバルトが提出した講義計画やさらに就任演説では、文学の記号学をテーマとして掲げていたのだが、実際の講義では全く異なったテーマが取り上げられる——当初はかろうじてセミナーの方で前者に対応しているが、バルト自身、この変更を気にしていたようでもあり、講義の冒頭ではなんとか文学の記号学との関連をつけようと苦心している。あたかも自分に残された時間がもうあまりないことを悟っていたかのように、バルトは話すべきこと、話しておかなければならないことだけを取り上げ、しかし急ぐことなくゆっくりと時間をかけて話し始める。研究の出発点にファンタスムを置くこと、これがコレージュ・ド・フランスで講義するに当たってのバルトの決意だった。ファンタスムは「幻想」と訳さざるをえないが、バルトがファンタスムと呼ぶものは、欲望とイメージの混合体で、個人的な嗜好の核をなしつつ、明確な形を持たないまま自分の内部で結晶化するのを待ち続けているもの、「悪癖」と言っても良さそうなぐらいどうしようもなく惹きつけられるもののことである。講義はもはや、個人的なもののさらに奥へと踏み込んでいくための言い訳となる。前述のように、本章で取り上げる「中立的なもの」も、コレージュ・ド・フランスでの四年の間にバルトが語ったことの一つである。というよりも、この「中立的なもの」という概念は、序章でドゥルーズを参照した際に指摘したように、独立した概念ではなく、四年間のコレージュ・ド・フランス講義全体の中の様々な網の目の中に置かれて初めて十全な意味を持つものである。

ただ先へ進む前に、一九七七年の秋に起きた重大な事件について述べておかねばならないだろう。バルトの母アンリエットの死である。本章の冒頭でも述べたように、バルトの人格あるいは人間形成に大きな影響を及ぼしたこととして、父の早い死とそれによって生じた母との緊密な関係があった。母との関係は、形成の時期のみならず、バルトの全人生を通じて、彼が最も大切にしたものであった――もちろん、その関係は通常の「母と息子」という関係ではなかった。晩年のバルトを最もよく知っていた一人であるエリック・マルティは「実際には、「母」であるのはバルトのほうだった」

とさえ書いている（「ある友情の思い出」『ロラン・バルトの遺産』所収、六六ページ）。彼の受けた衝撃は大きかったろう。その間に彼が書いた数多くの断章は、後に『喪の日記』として出版される。しかしその衝撃は一つの作品となって実を結んでいる。写真論『明るい部屋』である。写真に写っているものは「かつてそこにあったものだ」という指摘は、おそらく母の写真を見て直観したことだろう。自分なりの現象学だと断ってはいるが、現象学とはほとんど関係がない。直観を分析することが、今やバルトのエクリチュールとなっている。写真のイマージュが私たちに指示するある特定の時代や場所についての一般的な意味を「ストゥディウム」と呼び、個人が写真のイメージのある一点に引きつけられることを「プンクトゥム」と呼んでいるのも、そうした直観の分析の結果だろう。

「いかにしてともに生きるか」

さて、そうした大事件を間に挟みながらバルトが一九七七年一月から一九八〇年二月までの四年の間に語ったことは、いったいどんなことだったのか。一年目は「いかにしてともに生きるか」と題され、主に「イディオリトミー」という四世紀初頭に現れたキリスト教東方修道会における生活形態を中心に、様々なテーマによる意味の網の目が張られていく。後の修道会のように共に同じ建物に住み、同じ戒律を守りながら生活する（共住修道会）のではなく、またそれ以前にあった一人で砂漠の中や山の中で修道する（独居修道士）のでもなく、例えば週のうち五日は一人で修道し、週末に皆が集合するというような修道の仕方がイディオリトミー（個人的なリズム）と呼ばれるものである。この生活の形態がバルトのファンタスムとなったのはなぜか。そこではすべてが、揺れており、曖昧であり、極端からできうる限り離れているからだと思われる。講義初日の最後にバルトは、自宅の窓から見たある例を紹介している。子どもの手を引いて歩いている母親が全く自分のリズムで歩いているために、子どもはぎくしゃくと無理矢理母親のリズムにあわさせられていた。これこそ権力の巧妙な手口だとバルトは言う。自分のリズムで生きることを妨げる力（集団の力）をいかにしてかわすか、そうしたファンタスムがイディオリトミーという言葉によって結晶化したと言えるだろう。修道の規則も厳密ではなく、修道士には通常禁じられる所有さえもある程度認められている。個室が与えられている場合さえもある。そもそも歴史的には、こうした修道の形態は、共住修道会の厳しい生活に疲れ、気力を失いそうになる者たちのために生まれたものであった――最初に提示されるテーマは、まさに「虚脱状態（アケーディア）」である。「ともに」と言っても「二人で」というわけではないとした上で、バルトはこう言う。

舞台の他方の袖で、やはり闇に沈んでいるのは：マクロな集団、大規模なコミューン、ファランステール、僧院、共住修道院。なぜか？　つまり、ファンタスムはそうした大きな形態となぜ折り合いがつかないのか？　明白なことだ。なぜならそれらは権力の構造に従って構造化されており、イディオメトリーに対する反感をむき出しにしているからだ。（『いかにしてともに生きるか』一五ページ。一部省略）

そして様々なテーマを、順不同に、あたかも作ったカードをそのまま見せるように、バルトは語っていく。面白いのは、当然予想される「集団」や「人間関係」に関わるテーマに加えて、というよりもそれに勝って、周縁性、距離、長方形、など、空間に関わるテーマが数多く扱われていることである。どこに自分の身を置くかが、権力をかわしたいならまず考えるべきことだということだろうか。最後に扱われるのも、やはり空間に関わるテーマ、「クセニーテイア（異郷に身を置くこと）」である。自らのリズムで生きるためには、中心から外れたところにいる方が良いのだろう。いずれにしても空間が産み出す意味に敏感であることが大切そうだ。講義で扱われた項目を一つひとつ読んでいくと、自らのファンタスムを語っているのだから当然かもしれないが、まるでバルトという人間の内面世界の中に入っているかのような奇妙な感覚にとらわれる。そしてその感覚は、二年目の講義になるとさらに強くなる。

「中立的なもの」

さてその二年目になると、バルトはもはやセミナーを行わない。休憩を挟んだ二時間の講義だけを一三回行う。前年の秋に母を失い、その喪を乗り越えたのか、あるいは乗り越えるためなのか、決然と自らの世界を、ただし「告白」などとは全く正反対のあくまで緩やかで曖昧な秩序の中で、語り始める。タイトルとされた **le neutre** というフランス語は「中性」（邦訳での訳語）とも「中立的なもの」とも訳すことができる。そしてこのような場合、たいてい書き手はその二つの意味を同時に使っているか、場合によって使い分けている。バルトもそうだろう。彼はこの言葉をこう定義する。

わたしは〈中性［中立的なもの］〉le Neutre を、範列《パラダイム》の裏をかく［déjouer］ものと定義する。より正確に言えば、範列から逃れるすべてを、〈中性〉と呼ぶ。（『〈中性〉について』一六ページ）

範列とは何か。それは「潜在的な二項対立」（同上）である、とバルトは言う。これまで二〇年以上にわたって言語学や記号学を自らの基盤としてきたバルトは、今やそうした理論を自由に、と言っても自分勝手にという意味ではなく、それぞれの用語が持つ意味の深い本質をいったん踏まえた上で自由に役立てる。ある語の意味が生じる際、統辞論的に文の中で意味が規定されると同時に、意味論的に他の並列する語との差異の中でも意味は規定されている。後者が範列である。トーマス・クーンはこれをさらに思想の枠組みそのものと拡大解釈して、それが変化する契機をパラダイム・シフトと呼んだ。一方バルトの方はずっとおとなしい拡大解釈である。差異・対立という要素をしっかりと残している。二つの極を提示し、そのどちらかを選択するよう迫るもの、バルトにとってはそれが範列である。そうした選択を迫る力をいかにしてかわすか、これが〈中立的なもの〉をめぐるバルトの欲望であると言えるだろう。「繊細さ」「疲労」「眠り」「老い」「儀式」等々、それぞれが攻撃から、社会から「身を守る」ための言い訳になりうるとバルトは言う。闘争から身をかわすこと（同書、二一八ページ）。応答からも身をかわさなければならない。

あらゆる質問には、ある権力がふくまれている。質問は、知らずにいる権利、あるいは不確かな欲望をもつ権利を否定するのである（中略）。答えの不確かさは、弱点とみなされたとしても、質問というものを非神話化する間接的なやり方である。（同書、一八三ページ）

こうしたファンタスムの中で、バルトは「的外れな答え」の分類さえ試みている――沈黙、迂回、突飛さ、他の論理、等々。こんなバルトが、最も親近感を覚える人物は、アンドレ・ジッドである。断言することを嫌ったこの大小説家は、意見を求められると、疲れを持ち出しては返答を避けたり、巧みに主題をずらしたりするのが常であった。彼の文体そのものも、「おそらく」「たぶん」「かもしれない」といった表現が多用され、曖昧さに満ちている。「断言する」ことは「中立的なもの」の反対の行為である。バルトにとっても、「エクリチュール」はまさに「言説の傲慢さの裏をかく」（同書、二七三ページ）方法なのである。

そしてこうした欲望は、川の流れが自然と行き着くように、東洋の思想という大きな海へとつながっていく。日本の「わび」や「悟り」の話に加え、最後に近くなって道教の根本的概念の一つ「無為」つまり「何もなさないこと」が取り上げられる。しかし「無為」は、生きる欲望の反対なのではない。ここでも同じく「裏をかく」という動詞が使われる。無為とは、「生きる意欲の裏をかき、巧みに避け、方向を見失わせる」（同書、二九八ページ。ただし désorienter という動詞は、普通は「途方に暮れさせる」という意味で使われる語なので、「方向をそらす」から少し訳し変えた）ことである。「無為」は巨大な概念だが、その一部は「中立的なもの」と重なり、示唆を与える。逆に言えば、「中立的なもの」の一つの現れが「無為」だとも言えるだろう。ただ道教の「無為」は、一つの生き方を提示し、そのための様々な処方を教えるものである。バルトはいったいどのように生きようとしているのか。意外なことに、それは「無為」とはむしろ正反対の生き方、「新しい生」を生きるという決意として私たちに提示される。

「新しい生」、小説の準備

だが三年目になっても講義に対するバルトの態度は変わっていない。常にファンタスムから出発することである。ただ、結局最後のものとなるそのファンタスムに触れる前に、バルトは「新しい生（新生 Vita Nova）」という予想外の言葉を発する。人生の終わりに近づいていることを確信する彼は、「残された時間はもうあまりない」と言う。そしてこうした時になすべきことは何か。人生の総括ではない。新しい人生を生きることであった。ひょっとしたら、母の死とともに、彼は一度死んだのかもしれない。そしてその新しい生は、エクリチュールの生以外にはないとバルトは決意する。一九七八年四月一五日、母が亡くなった前年の一〇月二五日からほぼ半年後のことである。その決意は、「今までにない斬新なエクリチュールの選択と符合するだろう。生活をそっくり、生をその総体において巻き込むようなエクリチュールである」（アントワーヌ・コンパニョン「ロラン・バルトの〈小説〉」『ロラン・バルトの遺産』所収、一四七〜一四八ページ）。とはいえ、いったい何を書くのか。彼がこれから書こうとするテクストは、たとえ「小説」と呼ばれてはいても、それまでのテクストとは全く異なったエクリチュールによるものになるだろう。それは傲慢さを持たないという意味で「中立的なもの」のエクリチュールだともバルトは言う。バルトの最後のファンタスムは、新生＝小説のエクリチュールというファンタスムだった。そしてそのための準備作業、つまり「小説の準備」が三年目・四年目の講義の内容になる。

準備作業は、大きく二つに分けられる。一つ目は、小説の材料となる出来事や情景を「メモに取ること」である。ただし、細かな事柄を忘れないようにその場で書き付けておくといったことをバルトが望んでいるわけではない。ここでバルトは日本の俳句をモデルと位置づけ、三年目の講義の大部分を俳句が彼に感じさせる「魅力」の分析にあてる。バルトにとって俳句とは何なのか。「俳句はある「真実」（概念的なそれではなく、瞬間のそれ）と、ある形式との結合」（『小説の準備』四三ページ）であると彼は定義する。瞬間の真実とは、生活の中の時々に出会うもの、眼に入るものの中に潜む何らかの本質のようなものであり、ある形式とは五・七・五という音節数によって規定されるきわめて短い詩の形式である。別の所では、船や川といったヴィジョンとしての指示対象と、贅肉を落とした形式との結合とも言い換えている。ではそれら二つがどう結合するのか。バルトはフランス語訳によって俳句を読んでおり、それで本当に俳句の魅力が理解できているのかという疑問を私たち日本人なら抱いてしまうが、バルトはそのあたりを巧みに回避しながら分析を進める。つまり、ある種の翻訳は優れているが、ある種のものはひどくまずい翻訳になっている、というわけである。また優れた翻訳も、すんでのところで完璧ではなかったりする。何が問題なのか。多くの翻訳が犯している失敗は、「言い過ぎ」である。「君よ」と呼びかけてはいけない。「ああ」と感慨をつけるのも良くない。対象を提示するだけにとどめ、対象に語らせること。そうすることによって、たとえフランス語によってでも、ニュアンスとしての差異、時間の分割としての瞬間といった俳句独特の表現が可能になる。それはまた、意味を強要する言説の傲慢さの裏をかくための一つの方法でもある。

二つ目の作業は、当然メモ書きつまり断章から小説への移行であろう。しかし実際に四年目の講義で語られるのは、そうした作業のためのさらにまた準備である。バルトによれば、そうした移行の作業つまり小説を書くという作業を行う前に、私たちは三つの試練を経ておかなければならない。選択、忍耐、そして分離という試練である。選択とは、作品の内容・主題、形式等々についての選択、忍耐とは、自らの生活を管理し組織化し、「方法的生活」とすること、そしてその上で持続的に、ある種の規律に従って書けるようにすること、最後に分離とは、世の中から切り離され、世間的なものとの間に隔たりができること。試練である以上、これら三つの試練において想定されている作業は、行うに際して困難を伴うものであるとバルトは認識していたようだ。結局四年目の講義の最終日になっても「エクリチュール」は始まらない。バルトの最後のファンタスムは、その実行を先へ先へと引き延ばされていく。

出発点：ファンタスムの輝きに包まれた、作るべき「作品」：このようにして「作品」は出発する↓ところがファンタスム（「作品」の〈目的論的〉定義である）は現実に突き当たる。この現実とは結局のところ、遅延・ブレーキの力、したがって変更・（「計画」にたいする）不忠実・変わりやすさの力としての〈時〉（時間）である。（*La Préparation du roman I et II*, p. 336、同書、四三一ページ。部分的に改訳）

バルトは「始動」のきっかけが必要だと語る。そして「ハ長調の作品が書きたい」という願望を述べて、講義は終わる（同書、四九五〜四九六ページ）。結局、小説『新生』については、「パリの夜」という断片と一九九六年の全集版で初めて一般に知られるようになった八枚のプランなどを残しただけで、バルトは一九八〇年三月に亡くなってしまう。ただコンパニョンが言うように、『彼自身によるロラン・バルト』、『恋愛のディスクール・断章』、『明るい部屋』ですでに「小説」は実現されていたとも言えるだろうし、またもし生き続けていれば、「小説の準備」がさらに続けられていただろう、とも言えるだろう（「ロラン・バルトの〈小説〉」一九〇ページ）。なぜ「小説」は書かれないのか、書かれえないのか、私の考えを最後に述べておきたい。

いかに生きるのか

バルトがコレージュ・ド・フランスで講義した四年間には、すでに教授であったフーコーも同じ場所で講義をしていた。第8章「パレーシアと別の生」で述べるように、フーコーもまたその早すぎる死の前の三、四年の間、自らにとっての生涯の問題である「自分とは何か」という問いに立ち向かい、古代ギリシア・ローマにまで遡りながら、自己への配慮や自己と真理の関係を究明しようとしたのだが、その少し前のこの時期、つまり一九七七年から一九八〇年にかけてフーコーが主に取り上げていたのは、生政治や統治性といったテーマであった。私たちの生を、生物学的、化学的レベルで取り扱い、医学や経済学による管理のもと、その世話もしてくれる政治、その力に私たちは自ら統治されることを望み、受け入れている。こうした状況を分析することが、当時のフーコーの主たる関心であった。不思議な一致ではないだろうか。一方でフーコーがそうした近代的権力を分析していたまさにその同じ時期、同じ場所で、バルトは権力をいかにしてかわすか、いかにして権力の働きの裏をかくかについて語っていたのである。もちろん二人がお互いの研究について何も知らなかったはずはないが、共同研究をしていたわけでもない。むしろ同じような問題意識を彼らが共有していたと考えるべきだろう――そしてさらに、モル的なものに対抗しようとするドゥルーズやガタリもそうである。国家権力が、民主主義国家なら法や制度にものを言わせて、独裁国家なら独裁者の意志にものを言わせて、国民を圧迫する時、それらに正面から立ち向かう必要があるだろう。しかし善として働きかける生権力に対しては、私たちは正面から立ち向かいようがない。残る方法は、おそらくバルトが語ったように、権力を「デジュエする」こと、かわすことしかないのではなかろうか。「中立的なもの」という概念は、まさにそのことを私たちに教えてくれる。答えをはぐらかすとか、知らぬ振りをするとかいった仕草をすれば良いということだけではない。むしろそれは、「範列」の枠組みから意図的に外に出る、という断固たる決意であり、それを持続させるためには、小説というファンタスムを実現しようとしたバルトが出会ったような試練、とりわけ自己を管理し、周囲からの分離に耐えるというような試練に私たちも取り組まなければならないということである。そもそもコレージュ・ド・フランス講義の一年目からして、バルトはある種の緩やかな修道制度に深く関心を寄せていた。そして、フーコーもまた、結局はその最晩年に自己と真理の問題に立ち向かう中で、自己への配慮という古代の問題系に近づいていった。彼ら二人を通じて、いくつもの思考の道行きがそのような共通の答えへと向かっていたと考えると、なんとも感慨深い。

最後に書いておこう。バルトが最後のファンタスムを先へ先へと先送りしていたのはなぜなのか。ただ単に「書けなかった」のか。いや、そんなことは百も承知でバルトは小説の準備について語り始めた。はじめから、「あたかも一篇の小説を書こうとしているかのように」とバルトは断っていた(『小説の準備』三五ページ)。準備を長引かせることは、ファンタスムそのものをもかわし、自我の欲望の裏をさえかくこと、あるいはそうしなければならないということ、だったのではないか。〈中立的なもの〉とは、結果ではなく過程を重んじることである。道教の教えの通り、重要なことは、道であり、道を進むことであり、最後に何を見出すかではない(同書、三六ページ)。「書くこと」は、バルトにとって今や「中動態」のエクリチュールでもある。なぜなら、「書くこと」は「自らその作用を受けつつ書く」ことでもあるからである(同書、二四八ページ)。目的語から自由になること、たとえそれが自分の欲望であれ、願望であれ、それらから自由になること。これこそ、おそらくはバルトにとって、最後の最後のそのまたあとに来たるべき彼岸のファンタスムだったのだろう。

第6章　四つの言説（ラカン）

――ジャン・ウリの思い出に

ジャック・ラカンの思想は難解であるとよく言われるが、私はむしろ彼の思考の進め方そのものが難解なのだと思っている。文体の晦渋さをなんとかかいくぐってラカンを追い詰めたように思っても、第4章で述べた論理的時間へのこだわりや、「構造」という概念の独特な理解などが、私たちから彼をまた遠ざけてしまう。しかも彼が作り出した概念は、精神分析という実践の中で使われることを想定していたはずだが、臨床家ではない私のような立場の者はもちろんのこと、心理臨床の現場にいる人々でさえ容易に扱うことができないようである。そんな中、本章で取り上げる「四つの言説」という概念だけは、もちろん平易というわけではないにせよ、何か取り扱いやすい印象を私たちに与える。そのせいだろう。この概念についてはスラヴォイ・ジジェクをはじめ多くの人が語り、そして多くの人がこの概念を「利用」している。しかし本当にそんなに簡単に「使える」ものなのか。私の立場は、この概念をラカンの他の概念との関係の中に置きながら考え直すこと、そしてもう一つ、ラカンのことを本当によく理解していたある人物、この概念を実践において「使い」、そして検証してきたある人物が語ったことに立ち戻りながら考えることである。

羊頭狗肉、看板に掲げているものとは違うものを売ること、にならないよう断っておかなければならない。本章で取り上げるのはラカンの「四つの言説」だが、中心にいるのはラカンではない。ジャン・ウリという人物である。「制度を使う精神療法」で知られるラ・ボルド病院の院長を一九五三年から六〇年あまりにわたって務め、ガタリの盟友であり、最も早い時期からラカンの思想の重要性を認めた一人でもあった。一九八一年――ラカンの死の年である――からパリのサン・タンヌ病院で月一回開かれたウリのセミネールでは、精神療法の臨床の思想的基礎づけが様々な角度から試みられた。二〇一四年に九〇歳を目前にして惜しまれながら亡くなったこの精神科医から、私は本当に多くのことを学んだ。哲学的な考察を自分の中で十分にやっておかないと、現場で何かが起きた時に的確な対応ができない。実践上の外面的な制度や技術ばかり議論していてはいけない。哲学とは実践の基礎であり、実践における過ちを防ぐ堤防である。こうしたことを私は繰り返し彼から聞いた。

二〇〇五年の夏、私は精神科医の三脇康生氏と協力してウリを日本に招き、沖縄、東京、そして京都で、制度を使う精神療法をテーマとした講演会やワークショップを開いてもらった。ほとんどの場合、通訳は私が担当した。これまでフランスから来た様々な思想家や芸術家の通訳をしてきたが、ウリの場合は特別だった。とにかく話の論理が途切れるのを嫌い、二〇分、三〇分と話し続ける。しかも精神医学のみならず哲学、文学、芸術と様々な領域へ話題がつながっていく。それをひたすらメモに取り、まとめて日本語に訳すのである。極度の緊張を強いられる仕事だったが、たしかに充実感あふれる時間をウリと共有することができた――招聘の成果は『医療環境を変える――「制度を使った精神療法」の実践と思想』（多賀茂・三脇康生共編、京都大学学術出版会、二〇〇八年）という書物にまとめられているので、関心を持たれた方は是非お読みいただきたい。その後私は、若い研究者たちとともにウリのセミネールの一つ「コレクティフ」を翻訳したのだが、残念ながら彼が生きているうちに、それを届けることはできなかった。自分の語ったことが、日本語になり、縦書きの書物になったことをどれだけ喜んでくれたことだろうか。この「コレクティフ（collectif）」というフランス語は、名詞としては普通「集団」という意味で、何らかの交渉や異議申し立てをするために集まった人々の集団に対してよく使われるのだが、ウリはこの言葉に独特の意味合いを持たせている。「集団としてのシステムを築きつつ、同時に個々人の特異性の次元を保持しなければならない」（『コレクティフ』一八ページ）という、まさに制度を使う精神療法の要ともなる概念を表しているのである。そしてこのセミネールにおいて、その個人の特異性（単なる個性というよりも、無意識の欲望のレベルにおけるその個人特有のベクトル）を集団の中でいかに潰さないようにしていくか、いやむしろいかにそれを活かしていくかという問題を取り上げる際、ウリは何度もラカンの「四つの言説」を引用する。「主人の言説」、「大学の言説」、「分析家の言説」、そして「ヒステリーの言説」という四つの言説のタイプが、制度を使う精神療法の実践とどのように関わるのだろうか。本章では、はじめに述べた通り、ウリによる理解を基盤にしてラカンの「四つの言説」が意味するところを再考してみたい――後に「資本家（もしくは資本主義）の言説」が加わるが、ここでは取り上げない。「四つの言説」についての侃侃諤諤の原因はそもそも「資本家の言説」をラカンが作り出したことにあるように私は考えている。ウリも無視している。いずれにせよ、まずはラカン自身が「四つの言説」についてどう語っているかを見ておこう。つまり、どのように提示し、どんな順序で、何と関係づけながら語っているかである。

「精神分析の裏面」、シニフィアンから欲望へ

「四つの言説」とは何か。言説といっても、単に発話された言語のことを言っているのではない。「パロールなしの言語」ともラカンは言っている。つまり、言語を話す能力を備えた人間がなすすべての行為のことである。多くの人がまとめてくれているので、詳しく解説する必要はないかもしれないが、次ページの図のような四つの枠に、S1、S2、a、$が順に置かれ、四種類の言説が作られる。S1は第一のシニフィアン（「知」の基盤となるもの）、S2は第二のシニフィアン（一つのシニフィアンではなく多くのシニフィアンの集まりであり、「知」とも言い換えられる）、aは対象a（捉えきれないもの、それゆえ欲望の原因となるもの）、$は言語を話す人間、言語によって分断された主体である。四つの枠の左下が真理、左上が動因でありサンブラン（「見（せ）かけ」、この概念については最後に検討したい）、右上が他者、右下が生産物の場所である。左上つまり動きの原因となるものの場所にS1〜$の何が入るかを決めれば、他の場所に来るものは自動的に決まる。主人の言説ではS1、大学の言説ではS2、分析家の言説ではa、ヒステリーの言説では$が入る——言い方を換えれば、主人の言説から時計と反対回りで、「大学」、「分析家」、「ヒステリー」の言説が現れる。主人の言説では、言語主体

主人の言説

S1 動因／サンブラン	S2 他者
$\$$ 真理	a 生産物

に支えられた始まりのシニフィアンが「知」に働きかけるが、そこには必ず捉えきれないものである対象aが産み落とされている。しかも主体はその対象aとは分断されている。いわば通常ひとが言語を話し、生活をしている際の状況でもある。大学の言説では、始まりのシニフィアンに支えられつつ、それを隠蔽している知が欲望の対象に働きかけ、言語を話す主体が生まれる。偉大な知の創始者（第一のシニフィアン）の権威に基づいて、知が欲望に働きかけるわけである。分析家の言説では、知に支えられた欲望の対象が言語主体に働きかけ、出発点となるシニフィアンが作られる。欲望の対象を持っていると見なされる分析家が主体に働きかけ、知の始まりとなるシニフィアン（S1）が作り出される。さらにヒステリーの言説では、言語主体が出発点となるシニフィアンに働きかけ、知が産み出される。自分はれっきとした主体だと思っている主体が、偉大な知の創始者つまり基盤となりそうな理論に働きかけ、何らかの知を作るよう求めるわけである――これは後に「科学の言説」にもつながっていく。うまくできた話であり、なるほどと思うところもある。しかし私にはどうも腑に落ちない点がある。シニフィアンについて、欲望について、さらに言えば人間存在について、きわめて独創的で深い考察をしているラカンからすれば、何かうまく話をまとめすぎてはいないだろうか。そもそもこんな概念をなぜラカンは作り出したのか。

ラカンが四つの言説について主に語ったのは、一九六九～七〇年のセミネール「精神分析の裏面」

においてである。言うまでもなく、一九六八年の五月革命後に人々が味わった挫折感や人々が抱いた疑問のただ中でこのセミネールは開かれている。当時、知識人たちは自らの社会的立場、政治的姿勢をはっきりと表明すること、何らかの行動を起こすことを求められていた――そんな状況に対してバルトがある種の違和感を抱いていたことは前章で述べた。またフーコーの『監獄の誕生』や、次章で詳しく見るドゥルーズとガタリの『アンチ・オイディプス』などもそうした状況の中から生まれてきた著作であった。「四つの言説」もそうした状況に対するラカンからの返答であると言われている。たしかに、そうかもしれない。実際にセミネール「精神分析の裏面」を読んでみると、ヘーゲルの「主人と奴隷」、マルクスの「剰余価値」といった概念に重要な役割が与えられている。「プロレタリア」、「学生」さらには「毛沢東主義者（マオイスト）」などについても語っている。しかしこのセミネールを読んでいると、ラカンの頭の中にあったのは、やはり第一に精神分析のことだったように思える。もちろん当時の社会的状況の中で精神分析がいかにあるべきかということもあるかもしれないが、何よりも精神分析という行為そのものがどんな働きであるのかという根本的な問いこそがセミネールの核をなす問いであったのではないだろうか。初回からはっきりラカンは言っている。「フロイトを裏側から読み直す」(*L'Envers de la psychanalyse*, p. 11) 作業だと。「四つの言説」はやはり精神分析の実践の中でしっかりと検討すべきだろう――この点で、深く吟味された内容とは裏腹に、「これでラカンが分かる！」というなんとも軽い帯がついた『後期ラカン入門――ラカン的主体について』（一八四〜二〇八ページ）などから分かるように、ブルース・フィンクの視点は的確である。

ではどんな風にラカンは四つの言説について説明しているのか。最初に取り上げられるのは、主人の言説である。しかもそれを導入するに当たってラカンは、本書の第4章で取り上げたあのシニフィアンの定義から始める。「ある一つのシニフィアンは他のシニフィアンに対して主体の代わりをする」というあの定義である。そこで問題となっていた「主体」、「第一のシニフィアン」、「第二のシニフィアン」が主人の言説では左下、左上、右上の位置に来ている、つまり真理、動因、そして他者の場所である。実は前年のセミネール「大文字の他者から他者へ」においてすでに主人の言説の前段階とも言える図が出されている（*D'un Autre à l'autre*, p. 22）。S1の下に$\$$（主体）があり、その上下二つの横にS2だけが書かれている。これは例の定義そのものを表しており、S1が主体の代わりをしてS2を到来させる、ないしS2に働きかけることを示している。ただし次のことに注意しておきたい。ここでのS1は例えば「狼男」の症例においては、「狼の眼差し」であり、その時には「対になるシニフィアン」と言われていたものである。それが主体の代理になって、他のシニフィアンつまりS2たちに働きかけるのである。しかし「精神分析の四基本概念」から四年後に行われたこのセミネールでは、その三行下にS3◇*a*という式が書かれているのである。S3はS2に続いて到来するその他のシニフィアンである。S2はそもそも一つのシニフィアンではなく、多くのシニフィアンの総体つまり「知」であるから、S3をS2と読み替えても良いだろう。S2は、取り逃がされたものであり欲望の対象である対象*a*を残し、主体はこの対象*a*と「幻想（fantasme）」という関係（対象*a*を捉えることができないという関係であるが）に入ると説明される。つまり、セミネール「大文字の他者から他者へ」において二つの関係式に

分かれて書かれていたものを、一つにまとめたのが主人の言説の図なのである。しかしなぜラカンはこの言説を「主人の」と命名したのだろうか。もちろんヘーゲル由来の「主人と奴隷」の弁証法になぞらえているからである。つまり、S2すなわち「知」とは、主人たるシニフィアン（例えばフロイトやマルクスといった知の創設者）によって存在し、そのために奴隷のように働く存在であるとラカンは考えている。ただここで思い出しておきたいことがある。ラカンのヘーゲル理解の出発点には、一九三〇年代にコジェーヴがパリで行ったヘーゲルについての講義が存在しているということである。後半生にはフランス政府の外交部門に対する顧問のような役割を務めた、この風変わりなロシア出身の哲学者を、ラカンは終生尊敬していたようだ。コジェーヴの死の際、いち早く駆けつけた一人がラカンだった——ただしコジェーヴが残したノートを手に入れるためだったようだが。とにかく、コジェーヴのヘーゲル解釈は独特である。ヘーゲルの『精神現象学』の中心は人間の自己意識がいかに確立され、いかに自己実現するかという抽象的な議論と、フランス革命とナポレオンに至るヨーロッパの現実の歴史とを同じ平面で論じるという離れ業にある。主人と奴隷のテーマも、自主的で自律しているはずの主人が奴隷から承認されることでしか自己を確認できないという矛盾と、最終的には奴隷の自己意識の方が自己を確立するという弁証法的運動に関するテーマであると同時に、キリスト教がその奴隷の自己意識の実現であるという歴史観を伴っていた。ところがコジェーヴの講義では、この自己意識をめぐる運動にもう一つ重要な要素が加わっている。欲望である。出版された講義録に「序に代えて」としてつけられた、『精神現象学』第四章A「自己意識の自立性と非自立性——支配と隷属」の注釈付き翻訳を、もとのヘーゲルの文章と比べてみれば明白である。ヘーゲルの原文でももちろん欲望という言葉は使われている。「おのれを自覚しつつ、否定さるべきものという性格のもとに対象をまるごと支配しようとする自己意識」は「欲望としての自己意識」であると書かれている（『精神現象学』一二三ページ）。しかしヘーゲルはそれ以上に欲望について議論を深めることはない。一方コジェーヴにとって、「（人間の）自我とは、或る欲望の――或いは欲望そのものの――自我」（『ヘーゲル読解入門』一二ページ）であり、さらに言えば、欲望は人間存在を決定的に規定し、否定性と結びつける。

自己意識が存在するためには、欲望が非自然的な対象、所与の実在を超えた何物かに向かう必要がある。ところで、この所与の実在するものを超える唯一のものは、欲望それ自身である。（中略）この自我は、動物的「自我」のように、自己「同一性」もしくは自己同等性ではなく、「否定する否定性」となるであろう。（同書、一三ページ）

コジェーヴのヘーゲル講義を読めば読むほど、ラカンの出発点の一つがここにあったことが実感できる。あるラカン派の分析家が、「『ヘーゲル読解入門』はラカン理論にとってのバイブルだ」と言っていたのを思い出す。しかも講義録の出版に当たって、「序に代えて」と題して書物の最初に「主人と奴隷」についての箇所の注釈付き翻訳を持ってきたこと自体が、コジェーヴ独自のヘーゲル解釈の中心がそこにあることを物語っている。ラカンが出席した講義の記録に、後からつけられたものだとしても、コジェーヴの立場は変わっていない。「主人と奴隷」との弁証法的関係は「欲望の弁証法」でもある。そしてこの「欲望の弁証法」についての論考において、第4章で見たシニフィアンの定義が最初に使われたということを思い出そう。おそらく「四つの言説」の背後には「欲望」の問題が隠れているはずだ。とはいえ、話がやや抽象的になりすぎたようだ。視点を変えて、具体的に考えてみよう。ウリと共に。

「コレクティフ」、いかにS1を作るか

はじめに書いたように、「コレクティフ」と題されたセミネールの中で、ウリは様々なテーマと関わらせながら、繰り返し「四つの言説」を引用している。その中でもとりわけ印象的なのは、ラ・ボルド病院で働いていたアフリカのコートジボワール出身の料理人の帰郷にまつわる話である。

ミシェルというその青年は、ある時地元の村に帰る決心をしたのだが、その際風車を建てたり、井戸を掘ったりして村の窮状を救いたいと考えた。そこで彼はウリに、その資金として日本円にして八〇万円ほどのお金をくれないかと頼んだ。ウリは、自ら資金を出すことは断ったが、協会を作り、勉強会をして、アフリカの話をし、ラ・ボルド病院の患者やその家族らから資金を集めればどうかと提案した。青年は提案を実行し、見事自分で資金を作り、アフリカへ帰った。それがきっかけで、まずフィリップという若いフランス人の医師が現地へ行き、看護師も行く。向こうからも一人の人物がラ・ボルド病院へ来て、医療的ケアの基本的な技術を学んだ。そうした交流の中で、ラ・ボルド病院

ではアフリカへの興味が高まり、勉強会や劇の上演が行われ、ついには五人の患者がコートジボワールへ行くことにまでなった。しばらく前から活力を失っていた統合失調症の患者が少しずつ元気を取り戻した。

この一連の話で何が大事なのだろうか。この邦訳で七ページにわたって語られている様々な出来事の連鎖（『コレクティフ』二一五〜二二二ページ）が織りなす「心温まる良い話」と「四つの言説」がどう関わるのか。物事が本当の意味で始まるということ、何か新しい状況が生み出されるということは、新しい構造が作り出されるということだと、ウリは言う。そして構造を作るのは、S1であると。病院という現実の環境で、その環境そのものの病を治すことを、病気の治療の基本ないし出発点とするというのが、制度を使う精神療法の根本的な姿勢である。ではその病とは何か。停滞や固着、流動性のなさ、そこから生じる個々人の特異性の疎外である――制度を使う精神療法では、とにかく何かが固まり、動かなくなっていることに注意する。各人がグループの中で果たす機能にできるだけ流動性を持たせること、役割交換はそのための一つの方法である。だとすれば、S1を作り出すことによって、患者を取り巻く環境に新たな構造を与えることは、制度を使う精神療法にとってきわめて重要なファクターになるだろう。ではそのS1を生み出すのはどの言説だったろうか。分析家の言説である。先に書いたことを思い出してみよう。「分析家の言説では、知に支えられた欲望の対象が言語主体に働きかけ、出発点となるシニフィアンが作られる。欲望の対象を持っていると見なされる分析家が主体に働きかけ、知の始まりとなるシニフィアンが作り出される」。分析家の言説では真理の位置にS2

（知）があり、その上の動因の位置に欲望の対象aがある。ウリが、お金を欲しいという青年の求めを断った時、何かが動き出した。青年にとって、ウリは彼が欲しいものを持っているはずの人間である。ただ彼は、実際に何を自分が欲しているのかをまだ知らない。対象aは金銭ではないことをウリは見抜いていたのか、あるいはそう直観したのだろう。この拒否こそが分析家の言説の始まりであった。ウリ自身、はじめから分析家の言説を行おうと決めていたわけではない。ウリはこう言っている。

> 私が「ノー」と言った時、それは用心からであったが、すでに解釈の一手段であったのだ。私が彼に「協会を作ったらどうだ」と言った時、それはすでに解釈のはじまりであった（同書、二三〇ページ）

分析家の言説で、対象aが主体に働きかける局面がここだろう。しかしウリは慎重である。S1はそう簡単には出現しない。

> では、S1が存在するのは、われわれが彼に「協会を作る必要がある」と言う時だろうか？　そうとも断言はできない（同書、二二八ページ）

働きかけられた主体から、いかにしてS1が生じるのか。ここが最も重要な点である。S1は木の股から現れるように、ぽんと出てくるもので

分析家の言説

a 動因／ サンブラン	$\$$ 他者
S2 真理	S1 生産物

はない。図の上部で対象aから主体$\$$に向かう矢印に続いて、そのまま自動的に図の下段の右、すなわち生産物のところにS1が現れるなどということはない——多くの場合、そんな風に語られているが、実践の場とりわけ精神医療の実践の場に身を置いて考えれば、そんなことは絶対にない。ウリはフランス語の部分冠詞（du）を使って「いくらかのS1（du S1）」という言い方もしている。対象aから主体$\$$への働きかけに応じて、つまり見（せ）かけの位置にある対象aが動因として働いた時、主体$\$$には何らかの動きが生じるだろう。それはS1かもしれないし、S1ではないかもしれない。何かS1になりそうなものである。S1は後から、つまり事後的に、クッションの継ぎ目の効果によってS1になることを第4章で私たちはすでに見た。新しい構造を産むかもしれないS1の卵のようなものが、一つ、二つと現れる。何かの動きが生じる。分析家の役目は、それが本当に新しい構造につながる動きなのかどうかを見極めることである——これが「識別機能」と呼ばれるものである。例えば、アフリカへの帰郷や旅行がヴァカンス的なものになってしまったら、直ちにやめるべきだとウリははっきり言う。協会やクラブもそうだ。あらゆる種類の勘違い、怠惰、固着を排除していかなければならない。何事もすでに決まった通りで問題なしとしてしまう「自明である（ça-va-de-soi）派」になってはならない、とウリは繰り返し言う（この言葉は「自明ではない（ça-ne-va-pas-de-soi）派」と対比されて、セミネールの中で何度も出てくる）。ある活動が、すでに自分たちは確立した存在だと思い出した瞬間、もうS1ではなくなっている。あの「良い話」でも、様々なことが試みられ、様々なことが中断しただろう。しかしあの話は「続いた」。いかにしてか。ここでもう一つ重要な要素が、S1の誕生に関わって

いることをウリは繰り返し指摘している。対象aが問題である以上、私たちは欲望の次元にいる。そして欲望が言説の中で表現されるようにするものは転移のみである、とウリは言う（同書、二二九ページ）。欲望は無意識の主体に関わるものであって、言語によって明快に表現される要求（demande）とは異なり、ふつう言語による表現からすり抜けてしまう。言語の世界すなわち象徴界にできた穴が対象aであり、欲望はその対象aを求める。分析家はその欲望に関わりながら、偽のS1を見極め、本当のS1を見つけ出す作業をしなければならない。しかも転移に関わる欲望は分析家の欲望でもあるのだから、分析家は「鍛え上げられた」欲望」（同書、二二三ページ）を持ちつつ、自己の欲望を管理しながら、相手の欲望へと働きかけていかなければならない。分析家の言説の右半分にはそれほど大変な作業が埋め込まれているのである。

さらにウリに従いながら考察を進めていこう。精神分析は通常、分析家と分析主体（患者）との間の一対一の作業であると見なされている。しかしウリの関心は集団の中で、いかにして分析家の言説を機能させるかである。個人的な精神分析をはっきりと否定するわけではないが、コレクティフと彼が名付ける集団的な装置の中での方がS1の生産を効果的に実現できると、ウリは考えているのだろう。それに、よくよく考えてみれば、通常の精神分析においても、分析主体の回りには分析家以外にも家族や隣人をはじめ様々な人物たちがいるはずだ。そういった人たちの影響を完全に捨象して分析を行うことは、不可能どころかむしろ有害であろう。とにかく重要なのは、分析家の言説を扱うことのできる人が一定数グループにいて、それらの人々が、「様々な布置、人間関係、出会い、作業グループ、様々な経験の中で、S1を「生産するような」システムを発展させる」（同書、三四七ページ）ようになることである。ウリの視野には、最も困難なケースである慢性統合失調症の人々さえも入っている。少し長いが、以下の引用を読んでいただきたい。

解離のただ中にあって脱線している人々、永遠に——死ぬまで何度も——待ちぼうけをくらう人々、「苦悩のうちに」ある人々を、現実の生のある種の水準に「持ちこたえ」させるためには、最大限の「区別可能性」を備えた仕事の領野が必要なのだ。雑多なものの領野ではなく異質なものが混在する領野、つまりは、最大限のシニフィアンを備えた領野が必要なのである。

ひとりの統合失調症者の布置を語る時、この布置のそれぞれの要素がシニフィアンである。ここから、ある種の場合には、主体がどうにも動けなくなっているのは、たったひとつのシニフィアンとだけ常同的な関係を築いてしまっているからだということがわかる。そんな時には、この主体が少なくとも二つの異なる課題に取り組むよう、様々な手段を用いて試みなければならない。（同書、三八六ページ）

「区別可能性」とは、構造を成立させるための項つまりシニフィアンをそれとして弁別できることである。そしてこの最大限のシニフィアンを備えた仕事の領野こそ、コレクティフとウリが呼んでいるものであり、それは「S1を生産する可能性を各人に与える」（同書、三一三ページ）もの、「分析家の言説の積分」（同書、三四八ページ）が行われる場所である。先に私たちは「四つの言説」の背後には欲望の問題が隠れているはずだと述べたが、分析家の言説の場合、つまり欲望の対象である対象aが動因の位置にある時、それはまさに転移の問題なのである。そしてまた、フィンクの言うように、分析家の言説が使われる時、相手はヒステリーの言説の立場に置かれるのである（『後期ラカン入門』、一九三ページ）。

では、他の言説はどうなのか。ウリは大学の言説やヒステリーの言説についてはそれほど深く述べてはいない。むしろ彼が、盟友であり偉大な先輩でもあったカタロニア出身の精神科医フランソワ・トスケイエスを引用しながら繰り返し強調するのは、一人の人間が一つの言説に留まり続けてはならないということである（例えば『コレクティフ』三八二ページ）。分析家であっても、分析家の言説ばかりにとどまっていてはならない。時には主人の言説に、時には大学の言説に、そして場合によってはヒステリーの言説へと移行する。例えば、いくつかの分析家の言説によってS1が生まれたとする――いや、こういう仮定の仕方自体が良くない。分析家の言説によってS1らしきものが現れ、それを主人の言説の動因の位置に持っていく、そして「それ」がその他のシニフィアンS2と節合されることで、何らかの構造ができた時、初めて「それ」はS1になる――そしてその時には対象aが作り出されている。とはいえ、今見たように、顔を見せた「S1らしきもの」をとにかく主人の言説の動因／サンプランの位置へ置く作業が、分析家の言説に続いて行われなければならないのである。

サンブラン

最後に「サンブラン」について一言述べておかなければならないだろう。そう約束していたはずだし、また「四つの言説」の四つの場の中でも最も重要な役割を果たしているのが、「動因／サンブラン」なのだから。当然ウリもそのことは知っていた。そして「コレクティフの本質的な機能のひとつとは見（せ）かけを考慮することである」とまで言っている（同書、二七四ページ）。私は『コレクティフ』の翻訳では「サンブラン」を「見（せ）かけ」と訳した。そして同書の後書きで次のように書いた。

> なぜ人を動かすものが「真理」ではなく「見（せ）かけ」なのでしょうか。それは「そこにあるはずだ」と人が自ら想定するものこそが、人を動かすからなのです。言い換えておきましょう。実践において大切なのは、他者から自分がどういうものと想定されているか（見られているか）を常に理解しておくことだという、ある意味で非常に当たり前なことなのです（中略）構造を動かすはじめのシニフィアン（S1）を作り出す分析家の言説を立ち現れさせるために、相手の対象*a*を自分が持っていると見られているということを引き受けつつ、仕事を行っていく必要があるということ、このことこそ「見（せ）かけ」が「動因《エージェント》」でもあることの意味なのです。（同書、四〇六〜四〇七ページ）

ただ本書ではもう「サンブラン」とカタカナ書きすることを選んだ。それは、ラカンがこの言葉に与えている役割が、ドゥルーズとガタリにおける「アジャンスマン」と同じように、一つや二つの日本語の言葉を使っても移し替えることが難しいような役割だからである。

「四つの言説」について語ったセミネール「精神分析の裏面」の次の年度のセミネールは、「サンブランではないような言説について（D'un Discours qui ne serait pas du semblant）」と題されているが、ラカン理論の専門家ではないものの繊細な知性を持った人物だと私が信頼しているマルセル・マリーニはラカンによる簡単な説明を解説して、この du semblant の du は部分冠詞ではなく、qui に導かれる関係代名詞節は「サンブランを対象としないような」、もしくは「サンブランに支えられていないような」という意味であると書いている（*Jacques Lacan*, p. 235）。このセミネールの初回でラカンは「サンブラン」について、ただし「サンブラン」そのものというより「サンブラン」と言説との関係について、詳しく述べている。四つの言説の左上の場所、つまり動因の場所を「サンブラン」の場所（place du semblant）と明確に定義するのもこの時である。ちなみにフランス語の semblant は、sembler（「〜のように思われる、見える」）の現在分詞形で、名詞としても機能するが、現在では faire semblant de ＋動詞の不定形（「〜の振りをする」）や un semblant de ＋名詞（「うわべだけの〜」）などといった形で使われるだけで、単独で使われることはあまりない。ラカンはこの言葉をロジェ・カイヨワの「遊び」の理論から借用したと言われているが、そこでは子どもの「ごっこ」遊びに関して、普通の用法である faire semblant という使い方がされている（『遊びと人間』三〇ページ）。もちろんラカン自身も faire semblant という使い方をすることがある——例えば、資本家の言説も加えて、しかもいつになくユーモアたっぷりに聴衆に語りかけているミラノ大学での講演では、「サンブラン」についての箇所に続いて「精神分析家が、あたかも自分がいるのは性的な平面でことが進むようにするためであるかのような振りをすることは、ある水準では認められる」という使い方もしている。したがって問題は、ラカンが「サンブラン」にどのような役割を与えているかである（« Conférence à l'Université de Milan », 1972)。いくつか確認しておこう。まず「言説の「サンブラン」はない（il n'y a pas de semblant de discours)」とラカンは断定する（*D'un Discours qui ne serait pas du semblant*, p. 14)。言説は言説であって、それ以外のものではない。このことを逆の方向から言っているのが、ラカンのあの有名な定義「言説の事実以外に事実はない」である。人間にとっては、その世界のすべてが言説を通じて、言説とともに、さらに言えば言説として経験されている。言説は人間にとって、何か本源的なもの、それより先はないものである。さらにラカンはこう続ける。

> 言説であるものはすべてサンブランとしてしか自らを提示できない。そして言説においては、シニフィアンと呼ばれるものを基盤とするもの以外なにも成立しない。今日私が明らかにしているところにおいて、シニフィアンはそのものとしての「サンブラン」の資格と同一である。(*Ibid.*, p. 15)

例えば、ラカンが例に挙げている、空に浮かぶ星や動物の口などは、それを見る人間にとってシニフィアンであるし、「サンブラン」であろう。ただ両者には決定的な違いがある。シニフィアンは常に他のシニフィアンとの関係の中にあるということである。シニフィアンは常に構造の中にあるが、「サンブラン」はそうではない。「サンブラン」ももちろん他の「サンブラン」とともにあるかもしれないが、それは必ずしも構造を形成していない。「サンブラン」はそう見えているもの、「見かけ」のことである。動物の口は、それを見ている別の動物にとって「サンブラン」でありうるが、シニフィアンではありえない。シニフィアンはあくまで言語を話す能力を持ち、言語へと運命づけられた人間にとってのものなのである。

実証的には証明できないが、ある一つの仮説を書いておきたい。四つの言説について語った一九六九年一一月から一九七〇年六月まで続くセミネール「精神分析の裏側」でも、また同じく四つの言説が引用される一九七〇年六月に行われたベルギーのラジオ放送での応答「ラジオフォニー」でも、件の左上の場所は「動因（agent)」とだけ書かれている。ところが、一九七一年一月二〇日のセミネールで突然、ラカンはその場所を「サンブランの場所」と命名するのである。したがって、一九七〇年の後半期にラカンは「サンブラン」の発想を得たと考えるのが自然だろう。真理の代わりに「動因」として働く「サンブラン」。真理をすべて語ることはできない。真理は「半ば―言う（mi-dire)」ことしかできない。このようにラカンは常々言ってきた。真理が力を及ぼすのは、真理の上で「動因」とイコールとされた「サンブラン」によってだけだということになる。これほどの重要な役割をなぜラカンは「サンブラン」という言葉に与えたのだろうか。この点に関しては、私たちの国、日本が果たした役割がかなり大きいように思われる。

ラカンは一九六三年と一九七一年に日本を訪れている。いずれもその年のセミネールの途中の三月と五月の間で、帰国後は早速日本で彼が考えたことを披露している。一度目は「不安」についてのセミネールの途中、一九六三年五月八日のことである。当然この時彼は「サンブラン」や形式化された「日本的主体」については語っていない。性差が不分明な観音菩薩や千手観音について彼は語っている――ここでラカンが披露している、西欧的ではないものに対する繊細な分析はとてもおもしろい。では二度目はどうだろう。まさにそれは「サンブランではないような言説について」のセミネールの途中でのことであった。一九七一年五月一二日、日本から帰国したラカンは、おそらくはラカンが何を語るのかと好奇心満々の聴衆を前に、おもむろに黒板にこう書き付ける。Lituraterre. その年の一〇月に発表され、*Autres écrits* の巻頭に置かれている同名の論文の原型はこの日のセミネールだった。littoral（沿岸地帯）という、知と享楽（知から必然的にこぼれ落ちている対象 a）の間にある縁のような場所を指す新しい概念を導入した非常に重要な論文である。その日のセミネールの最後の方で、ラカンはバルトの『記号の帝国』はむしろ『サンブランの帝国』だったはずだと言い、さらにこう続ける。

バルトの書いたものがどれほど素晴らしいものだとしても、今日ここで私が述べていることはそれとは対立するものだと私は思う。つまりエクリチュールによってうがたれる空虚から「サンブラン」ほど異なっているものはないということだ。「サンブラン」は享楽を受け入れる、あるいは少なくとも、その人工的な技によって享楽を呼び求める準備がいつでもできている第一の容器なのである。(*D'un Discours qui ne serait pas du semblant*, p. 126)

ラカンから見れば、バルトにとっての日本的な主体は「何の覆いにもなっていない」(*Ibid.*, p. 125) 主体、つまり中が空虚な主体であった。しかしラカンはもう少し異なった見方をする。文楽においてそうであるように、日本的な主体は自らが分解されうる「儀式的なもの (cérémonial)」の中にいる (idem.)。日本においては、ある主体が別の主体によって「翻訳」ないし「通訳」されることが「習俗 (mœurs)」になっている (idem.)。そして、日本語とは翻訳がついには国語となったものだとラカンは結論づける。文字の面から言えば、日本的主体は、音読みと訓読みを使い分け、巧みに抑圧されたものに場所を与えている。言い換えれば、文字に与えられた独立性と、幾層にも区別される敬語の使用とによって、日本的な主体は抑圧を回避している――日本人には「精神分析は必要ない」という、例の『エクリ』の日本語訳への序文として書かれた文章 (「日本の読者に寄せて」) にあるラカンの言葉に端を発する、「日本人の精神分析」論には皆もう辟易としているだろうから、そこは素通りしよう。「サンブラン」はただの空虚ではない。S1やS2や$や さらには対象$a$までもがやって来る動因の場である。ラカンの日本人観から今もう一度考慮すべきなのは、文字の独特の使用が可能にしている日本的主体が営む生の「儀式性」であり「形式性」だろう。バルトとラカンの日本観に関しては、佐々木孝次氏が『文字と見かけの国――バルトとラカンの「日本」』に詳しくまとめられているが、「サンブラン」という概念の内実については私はむしろコジェーヴからの影響の方を重視したい——もちろん、佐々木氏もコジェーヴのことには言及されているが。コジェーヴは、『ヘーゲル読解入門「精神現象学」を読む』が一九六八年に再刊される際、彼が一九五九年に訪れた日本についての注を付け加えている。邦訳は一九四七年の初版をもとにしているので、その部分は含まれていないが、そこでコジェーヴは非常に重要なことを言っている。歴史の終焉において世界はアメリカ化(動物性への回帰とも言い換えている)されると自分は考えていたが、日本に旅行してアメリカ的な生とは全く異なる、正反対の生が歴史の終焉の後も存在しうることを発見したと言うのである。

すべての日本人は例外なく、現在、完全に「形式化された」諸価値、つまり「歴史的」という意味での「人間的な」内容を全く欠いた諸価値との関わりにおいて生きている状況にある。

(*Introduction à la lecture de Hegel*, p. 437)

よく知られているようにコジェーヴは、こうした日本的な生のあり方を示すのに「スノビズム」という言葉を使っており、ラカンは件の「日本の読者に寄せて」でもまさにコジェーヴの言葉として引用している。一九七一年の日本的な主体のあり方についてのラカンの見解は、バルトの日本観以上に、このコジェーヴの見解から影響を受けているように思われる。「ラカンはコジェーヴの理想化した日本観に、すっかり魅了された」(『ジャック・ラカン伝』三八二ページ)とルディネスコも書いている。ただこれはいつのことなのだろう。いつラカンは魅了されたのか。二人の間にどれほど日常的な交友があったかは分からない。またコジェーヴがいつ日本についてのノートを書いたのかも分からない。コジェーヴ自身は一九六七年に二度目の日本訪問をし、翌一九六八年、まさに日本についての注を加えた『ヘーゲル読解入門』第二版が出版される年に、会議中の心臓発作によって突然の死を迎えている。私は、おそらくラカンは一九六八年に公にされたコジェーヴの日本観に影響を受け、カイヨワからヒントを得た「サンブラン」という言葉をそれに適用し、その「サンブラン」がとてつもなく重要な役割、つまり、現実の生において禁止されているはずの享楽を生へと再び導き入れる器としての役割を果たしうることに、一九七〇年後半期に気づいたのではないかと想像している。ドミニック・オフレによる評伝にあるように、コジェーヴが日本で発見したスノビズムとは、「大人が自覚的に自己を否定することで可能になると見なされる遊び」(『評伝アレクサンドル・コジェーヴ』五九四ページ)として「サンブラン」につながるからである。もちろん実証はできない。確実なのは、一九七一年の一月までは、四つの言説の「動因」に、「サンブラン」が持っているような「見かけ」や「振り」といった意味は与えられていなかったということである。セミネール「サンブランではないような言説について」では、初回を過ぎてから「サンブラン」はさらに大きな役割を与えられ、男と女の性別に関する図式やサントームあるいは症状との一致へとつながる議論の中へと導入される。ミレールは「サンブラン化 (semblantisation)」という言葉を新たに作りさえしている。「真なる女」そして「女の享楽」という晩年のラカンがその重要性を示唆しつつも、深く探究しなかった概念も、今少しずつ解明されようとしている。「サンブラン」についても、さらに研究が進むことを期待したい。

第7章　リトルネッロ（ガタリ）

私は考えることが好きな人間である。ドゥルーズとガタリの二人のうちでは、どちらかと言えばドゥルーズの側にいると自分では感じている——もちろんドゥルーズの天才を私が持ち合わせていないことは言うまでもないが。一方ガタリは、生来の活動家であった。実践の場において類い希な想像力と創造力を強烈に発揮する人物。正直なところ、フェリックス・ガタリという人間のことを十分に理解しているかどうか私には自信がない。しかし彼についてはぜひ一章を捧げておかねばならないと思う。というのは、フーコーの「ミクロ権力」についての章で述べたように、資本主義・市場主義、そしてそれらと結びついた規律権力や生権力が、現在私たちが生きている社会の根本的な構造と問題を決定しているとしたら、ガタリの言う「ミクロ政治学」はまさにそうしたものたちと闘おうとする概念だからである。しかも一九六〇年代から死の年一九九二年まで、彼は全くぶれることなく同じ姿勢で戦い続けた。いやその姿勢は一人の精神療法家として働き始めた一九五〇年代からすでに始まっていたと言うべきかもしれない。前章で述べたウリが院長を務めていたラ・ボルド病院がその場所である――ウリとガタリの関係は、さらにそれより以前の一九四〇年代にまで遡る。逆に言えば、ラ・ボルド病院で自身が試みた様々な改革を、社会全体へと押し広げていったのが一九七〇年代以降のガタリの活動だったとも言える。病院が病んでいたら、病人は救えない。病院を変えていこう。社会が病んでいるなら、社会を変えていこう。しかしどうやってなのか。この時「変える」という言葉を「闘争」や「革命」と単純に言い換えてはいけない――これらの言葉を使うなら、「分子的」という形容詞を必ずつけておく必要がある。むしろ、言い換えるべきは「分析」という言葉である。よく引用された「スキゾ分析」という言葉は、「分裂症者がやるような分析」を行うことなどでは全くなく、「分裂症者の無意識を分析するように分析する」ことであり、「分析する」とは無意識に働きかけて、様々な要素が機械状につながりあった無意識の領域に変化を生じさせることを意味しているのである。ラ・ボルド病院において、ガタリの発明の才は次々と新たな試みを発想する。後に有名になる「役割分担のグリル」もその一つである。医師、スタッフ、患者が、様々な役割を交換するための表。重要なのは、その表ではない。役割の交換でもない。交換することによって、無意識にどのような反応が生じるかである。生じない場合もある。前章で見たように、重要なのは、ラカンの四つの言説に関してウリが述べた通り、誰かにおいて生じた無意識の運動に気づき、それに対して自分がどう反応するかである。「クラブ」もまたそうした無意識への働きかけ、つまり「分析」の場であった。

ガタリの発明の才はドゥルーズとの出会いによって、さらに大きな飛躍を遂げる。二人の出会った状況はフランソワ・ドスの『ドゥルーズとガタリ――交差的評伝』の冒頭で詳しく描かれている。ガタリが次々と概念を提案し、それをドゥルーズが真の哲学的概念へと仕上げていく。二人の共同作業は、二人が出会ってすぐ始まった――二人の「友情」は、実際の出会いより前の手紙の交換の段階からすでに始まっていたようだが。実践における戦略が思想における概念としての姿を取って現れる。彼らが連名で署名した書物の多くはそのようにして書かれた。最初に『アンチ・オイディプス』(一九七二年)、次いでその後の展開を予期させる『カフカ』(一九七五年)、そしてついに『千のプラトー』(一九八〇年)が生まれる。様々な概念がこれら三冊の書物の中に出現しているが、そのうち例えば本書第1章で扱った「生成変化」や「強度」などはドゥルーズがもたらしたものである。一方ガタリが持ち込んだものも数多いが、本章では「リトルネッロ」という概念を取り上げたい。もちろん序章で述べた通り、一つの概念は常にその他の概念とつながりながら機能しているのだから、「リトルネッロ」について語ろうと思えば、「脱領土化」や「機械」や「器官なき身体」という概念についても語る必要があるだろう。それでも、本章の中心に「リトルネッロ」を置こうと考えたのは、この概念がとりわけガタリらしい実践的戦略に直結しているからであり、この概念が「次にどうするか」という疑問に答えることのできるポジティブで建設的な概念だからである。そしてさらに言えば、この概念がガタリ本人に最もよく「似ている」からである――ガタリの死後に彼の手記をもとにまとめられた書物はまさに『リトルネロ』というタイトルがつけられた(「ネッロ」という跳躍感を大切にしたいので、本書では「リトルネッロ」という表記を使わせてもらう)。

機械

さて、どこから始めよう。まず『アンチ・オイディプス』について考えておくべきだろう。フランスの知識人にとっての五月革命の意味については、本書第3章で書いた通りであるが、ガタリの側でさらに付け加えるならば、注目しておくべき点が二つある。まずドゥルーズとの出会いと共同作業の開始がちょうど一九六九年という年（手紙の交換が五月、実際の出会いが八月）に生じているということ、そしてガタリがラカン派から距離を置き始めるのもちょうどその時期であるということである。ラカン派ないし「ラカン主義」が五月革命のあと突如毛沢東主義者を筆頭とした「左派知識人」たちの逃げ場所になってしまったことに、ガタリは強い違和感を感じたようである（このことは、先に挙げた『リトルネロ』の邦訳に収められた宇野邦一との対談「分裂分析のほうへ」、あるいは『分子革命』に収められたインタビュー「反精神医学と反精神分析」などではっきりと述べられている）。『アンチ・オイディプス』はこうした二つの線の交差を出発点として生まれた書物であった。しかし実際にできあがった書物はラカン主義どころか、もっと巨大なものを敵としていた。フロイト主義であり、さらにその背景をなす資本主義である。今あげたインタビューでもガタリが語っているように、この書物は、おそらくは愉悦に満ちた議論と苦渋に満ちた修正を重ねてできあがった書物である。ラカン主義の欠陥を突き詰めていくと、フロイト主義に至り、フロイト主義の欠陥を突き詰めていくと資本主義に至る。父なるシニフィアンだけが支配的なのではない。オイディプスだけが問題なのではない。すべてはすべてとつながっており、それを全体として捉えなければならない。ガタリはラ・ボルド病院での臨床を通じてそのことを感じ取っていたのだろう。無意識や欲望を、個人の内面や家庭の問題だけから考えていては何も解決できない。人の無意識はあらゆることに反応し、あらゆることから影響を受ける。ラ・ボルド病院で日々実践されている「制度を使う精神療法」とは、そうした反応や影響をいかに素早く捉え、いかに反応を返すかということでもあった。タバコ、クスリ、自動車、あるいは町へタバコを買いに行く（これらは私がウリから直接聞いた話である）、そんなことが相手の無意識にどうつながっているのかをすぐさま感じ取ることが重要なのである——しかもそうした精神療法のあり方は、前章で見た通り、本来ならばラカンの精神分析理論と何の矛盾もなくつながっているはずであった。左翼イデオロギーの逃げ場所となったラカン派に対するガタリの不信感と怒りはどれほどのものだったろう。いずれにしろ、ドゥルーズとガタリは無意識の問題を個人や家庭という枠から徹底して解放しようとする。そのための思考装置が「欲望する機械」という概念である。すべてはすべてと機械状につながって、それが無意識の世界を形成している。私たちが「主体」と思っているものはその一部として組み込まれているにすぎない。machine désirante、これを「欲望機械」と言ってしまうとはっきりしないが、「機械が欲望している」のである。もちろん、これは現実の世界がそのように構成されているという意味ではない。無意識の欲望という次元ではそのようになっているということである。あるいはそのように見ないと、とんでもない間違いをしてしまうということである。

とはいえ、機械とはいったいどういうことなのか。「すべてがすべてとつながっている」とは、どういうことなのか。ドゥルーズとガタリが考える「機械」は、「流れ」と「切断」と「コード」からなっている。つながっている部分の間を何かが流れる。欲望そのものと言っても良いだろうし、また欲望についての情報も含まれるだろう。つながっている以上、そこには切断がある。もちろんつながりそのものを裁つ切断ではない。流れを裁つ切断である。

欲望機械は二項機械であり、二項的法則、あるいは連合的体制を備えた機械である。ひとつの機械は常に他の機械と連結している。生産的総合すなわち、生産の生産は、「そして」et「そして次に」et puis... という接続的な形態をもっている。つまり、ここには常に流れを生産する機械と、この機械に接続されてこの流れを切断し採取する働きをするもうひとつの機械が存在する（母乳—口といった関係がそうである）。そしてまた、今度は第一の機械が別の機械に接続され、これに対して第一の機械が切断あるいは採取の行動をする。（『アンチ・オイディプス』上、二一〜二二ページ）

ドゥルーズとガタリが「機械」について語る時、彼らが念頭に置いているのは、まず生物間のつながりであり、人間の諸器官である。彼らは何度も「これは隠喩ではない」と言っているが、彼らが使う「機械」という概念は「人間と世界」との関係であって、当然のことながら現実の機械ではない。彼らが技術論で有名なジルベール・シモンドンをなぜか引用しないのは、同様に人間と世界の間の関係として「機械」を捉えているにもかかわらず、シモンドンの方はあくまで、道具から機械、そして工場に至るまで、本来の意味での、つまり物質的に存在する「機械」について考察しているからであろう――もちろんドゥルーズ自身はシモンドンの個体化論についての論考を残している（「ジルベール・シモンドン――個体とその物理―生物学的な発生」等）。非常に抽象化された機械の機能をまず想定し、それによって人間と世界の関係を分析していこうというのが、ドゥルーズとガタリのやり方である。「抽象的なもの」とは「具体的なもの」から抽出され、様々な現実の場に適用できるものということである。決して「現実的」でないという意味ではない。二つの機械がつながっているとしよう。そうした機械と機械のつながりが「アジャンスマン」である――邦訳では英語の「アレンジメント」を使って訳されているが、単なる「案配」だけでなく何らかの「運動」のイメージも欲しいので、私はフランス語をそのままカタカナ表記して使っている。連結部を通って何かが流れ、一方に入ると、「流れ（flux）」はいったん切断される。流れたものは新しい機械の中で、母親の身体から幼児の身体へ移った母乳のように、それまでとは違った役割を与えられる。流れてきたものに何らかの役割や機能を与える規則が「コード（code）」であり、別の機械に移って別の働きを与えられることが「コード化」である。「超コード化（surcodage）」は「コード化」されたものをさらに「コード化」すること、「脱コード化（décodage）」はすでに存在するコードから逃れ出ること、あるいはそれを壊すことである。また、一つのコードによって安定している「領土（territoire）」が不安定になり、領土としてのまとまりを失っていくことが「脱領土化（déterritorialisation）」である。荒唐無稽な話のようだが、ここのところを押さえておかなければ、『アンチ・オイディプス』はただの戯言の集合体になってしまう。例えば次のような文章がある。

脱領土化の最初の大きな運動は、専制君主国家による超コード化とともに現れた。しかし、この運動も、別の大きな運動、つまり流れの脱コード化によって起こることになる運動に比べれば、まだ何ものでもない。ところが、新しい切断が社会体を貫き、これを変容させるためには、すなわち資本主義が誕生するためには、流れの脱コード化だけでは十分ではない。(*L'Anti-Œdipe*, p. 263、『アンチ・オイディプス』下、二〇ページ。部分的に改訳)

『アンチ・オイディプス』を貫く最大のテーマの一つが「資本主義」であることはすでに述べたが、ドゥルーズとガタリは資本主義を人間と世界との関係のあり方として大きく捉え、それが人間に及ぼす影響をそれまでなかったような形で明らかにしようとする。最大の章、第三章は「未開人、野蛮人、文明人」と題されており、未開人が専制君主国家成立以前の社会に、野蛮人が専制君主国家の社会に、そして文明人が専制君主国家崩壊後に現れる社会つまり資本主義社会に対応している。未開人と世界との関係は「大地機械(machine territoriale なのでむしろ「領土的機械」)」とされているが、そこでは人間の身体が大地すなわち自然、この世界へと初めてつながっていく。コード化と領土化である。しかしそこへ、コード化された人々の身体を別の体制へと移動させ、国家を建設する人間つまり専制君主が現れる。これが超コード化であり、第一の脱領土化である。そして様々な脱コード化の波が寄せ、出会い、資本主義社会が登場する。乱暴な議論のようだが、ドゥルーズとガタリは実は非常に慎重に議論を進めている。貨幣や土地や労働者などのいくつかの要素が単に脱コード化されただけでは、資本主義は生まれない。同じような脱コード化があっても、例えば古代ローマ帝国で出現するのは奴隷制度であるし、封建制のもとでは封建制自体の原始的な形態へと逆戻りすることになる。資本主義の登場には「時間が必要であった」と彼らは言う（同書、二一ページ）。ゆっくりと様々な要素が集結し、「偶然」の出会いがあるものを作り出さなければならない。脱コード化された資本と労働力が出会い、資本主義的な「欲望」あるいは「欲望する機械」が生み出される。中国でも日本でもない。その欲望はヨーロッパにしか形成されなかったと彼らは言う。そしてひとたび生まれ出たこの資本主義的機械、これがまさに欲望する機械なのだが、この機械は様々な要素を取り入れながら（領土的機械の接続（connexion）とも専制君主国家的機械の離接（disjonction）とも異なる、資本主義的機械固有の連接（conjonction）という機械形成原理がこれである）、自らも変容しつつ成長し続ける。資本主義的機械の本質は、すべてをつなげていく拡張力にあり、国家でさえもその一部になってしまう。もう一カ所引用しておこう。ここで「反生産」と言われているのは、「国家やその警察や軍隊」のことである。

反生産の装置は、もはや生産に対立し、生産を限定し制御する超越的な審級ではない。逆に、この装置は、いたるところで生産機械の中に浸透して、この機械と密接に結びつき、この機械の生産性を調整して、この機械による剰余価値を現実化する（こうしたところから、例えば、専制君主の官僚機構と資本主義のそれとの間の差異が生まれる）。反生産の装置の奔流こそは、資本主義の全システムの特徴である。（*Ibid.*, p. 280、同書、四二ページ。部分的に改訳）

一読したところでは分かりにくいかもしれないが、フーコーが「生政治」や「生権力」という言葉で名指すことになる、資本主義と国家とが、国民にサービスを与えつつ国民の身体を管理し利用するシステムにまさに相応する状況が、ここで見事に指摘されている。そしてこの資本主義的機械こそが、オイディプスに極限的な働きを与える当のものであるとドゥルーズとガタリは主張する。第三章の後半第九、第一〇、第一一節こそは『アンチ・オイディプス』の核であり、そこに至った議論がやがて「分裂分析への序章」へとつながっていく。

「オイディプス」とは何か。そもそも「父・母・子」とは何か。領土的機械において、「人間の再生産」すなわち結婚や出産——「縁組と出自」とドゥルーズとガタリは言い換えている——は経済的社会的再生産と同じ平面（大地）上にあり、独立しつつ同じ広がりを持っている。家族あるいはむしろ親族における役割はそのまま社会体においても各人に与えられる。父は父であり子は子である。専制君主的機械でも様相はさほど変わらない。超コード化によって、君主の家族すなわち王朝が人間の再生産と経済的社会的再生産の上に存在することになるだけである。ところが資本主義的機械の登場とともに「もはやまったく事態は異なる」ことになる（同書、九四ページ）。以下、私が理解した限りでの、この資本主義的機械＝欲望する機械の全く独自の、前代未聞の性格について語っていきたい。

すべてを飲み込む資本主義的機械において、人間は機械の機能から派生するものにすぎない。「人物になった資本」が資本家であり、「人物になった労働力」が労働者である。いわゆる人間の「疎外」という状況である。この機械にとって人間はまず「抽象量」として存在する——ここでもまた

「生政治」や「生権力」のもとで私たちが置かれている状況との対比が可能だろう。この機械に刻印されるものは資本であり、労働力であり、生産力と生産手段である。人間はそうしたものと連接されない限り具体的な人間として機械によって認知されない。だとすれば、人間とはいったい何なのか。イメージにすぎない。さらに言えば、刻印される資本や労働力でさえ、貨幣の流れのイメージなのだから、人間は「イメージのイメージ」、言い換えれば「シミュラクル〔模像〕」にすぎない、とドゥルーズとガタリは言う。年代的にはボードリヤールのシミュラクル論に先だって資本主義の時代に関して使われているこの「シミュラクル」という言葉は、もちろんドゥルーズが敬愛するクロソウスキーに参照項を求めるべきだろう。ボードリヤールが言うように商品だけがシミュラクルなのではない。シミュラクルになって初めて「性」を与えられたローマの神々のように、人間もまたシミュラクルとなって初めて機械から認知され、「生」を与えられる。そして家族もまた実体を持たず、「父、母、子は、資本のもろもろのイメージの幻影〔シミュラクル〕となる」（同書、九七ページ）のだが、なんということか、すべてを連接し、すべてを飲み込む資本主義的機械は、家族を社会野の外へと追いやった上で、その「父、母、子」という三角形を奪い取り、社会野のすべてのイメージをそこへと還元する。「オイディプスは、資本主義システムにおいて、第一の次元の社会的イメージが、第二の次元の私的家族的イメージに適合することから生まれてくる」という文が意味することはこういうことである。社会野だけではない。世界史のそれまでの歴史、領土的機械や専制君主的機械さえもそこへ還元される。「専制君主の記号はパパによって受けつがれ、残滓的領土性はママによって引き受けられ」

る（同書、九八ページ。部分的に改訳）。オイディプスは起源ではない。人間の歴史の到達点である。オイディプスは「ついに（enfin）」つまり「最後に」やって来たのである。こう見てくると、フロイトのしたことは、オイディプスをもう一度家族の枠内に戻したということになる。あたかも「性愛という根本的な発見に対して許しを乞うかのように」、結局フロイトは「欲望の漂流の代りに、家族主義への折り重ね」、「脱コード化した大きな流れの代りに、ママのベッドの中で再コード化される小さな小川」、そして「外部との新しい関係の代りに、内面性」を差し出したのである（同書、一〇八〜一〇九ページ）。これが『アンチ・オイディプス』におけるフロイト批判、精神分析批判の核である。

とはいえ、一つの体制から別の体制へとどのように移行するのか。古いコードがどのように消され、新しいコードがどのように書き込まれるのか。この時現れるのが「器官なき身体」である。

器官なき身体

もともとこの概念は、詩人で劇作家・俳優であったアントナン・アルトーが一九四七年に『神の裁きと訣別するために』で使った表現である。頭痛を鎮めるために若い頃から摂取し続けたアヘンが原因で、彼はやがて精神に異常をきたす。アイルランドで聖パトリックの杖だと称する杖を振り回して収監されフランスに送り返された彼は、精神病院へと送られ消息不明になる。友人たちによって発見され、パリへと戻ったのち行ったのがこの朗読によるラジオ劇である。それぞれの器官が、しかるべき場所でしかるべき役割を果たしている正常なはずの身体が彼を苦しめるとすれば、彼が求める身体は、もはや器官も機能の分配もない充溢した身体であった。つまりコード化され、領土化された身体を脱コード化し、脱領土化したものが「器官なき身体」(「CsO」と略記されている)である。領土的機械が脱コード化され、専制君主国家的機械が出現する時、専制君主国家的機械が脱コード化され、資本主義的機械が形成される時、それぞれの時に「器官なき身体」のような状況が生じ、その上に新たなコードが書き込まれる。「器官なき身体」はそうした大がかりな変容が現れる条件であり場である。だとすれば、今問題とするべきは、世界史の最終段階としてオイディプスとともに現れた資本主義的機械＝欲望する機械に対して、いかにして「器官なき身体」を出現させるかということになるのではないだろうか。しかし『千のプラトー』において、一見「器官なき身体」は再びアルトーがそれを語った時と同じように、個人のレベルへと回帰している。なぜなのか。ここで私たちは、ガタリにとっての革命は常に「分子的」であると主張されていることを思い起こさなければならない。『アンチ・オイディプス』の最終章である第四章「分裂分析への序章」でもその姿勢は変わっていない。「分子的なもの」と、統計的で群居的な「モル的なもの」とを単純に対置させることは、ある意味では誤っている——前者は後者の中に取り込まれており、後者の中に「潜在的に」存在しているのである。しかし別の意味では、第四章第一節と第二節の間に挿入された奇妙な二つの図のうちの一つが示すように(『アンチ・オイディプス』下、一二九ページ)、この両者は両極に位置する。それぞれの時代の機械は左にモル的諸集合、右に分子的諸要素を持ち、モル側がパラノイア的状態、分子側が分裂症的状態を形成する。そしてその中央に「器官なき身体」がある。つまり「器官なき身体」はモル的なものと分子的なものの接点でもあり、私たちが「器官なき身体」になった時、社会体の「器官なき身体」と通じ合う次元が開かれる。それが「存立平面」と呼ばれるものである。社会体における変化がありうるとすれば、それは私たちが私たちにおいて「器官なき身体」を出現させる時だろう。革命はミクロの次元から、つまり私自身から始まらなければならない。もちろん、出現させると言うからには、どこかから持ってくるのではない。器官なき身体はもともとそこにある。私たち自身がそれへと変容することが問題なのである。『千のプラトー』の中で「器官なき身体」についての章は、一種の呼びかけで始まっている。「とにかく、きみたちはそれを一つ（あるいはいくつか）もっている。（中略）それは、きみたちを待っている」（『千のプラトー』上、三〇七ページ）。『アンチ・オイディプス』では、機械に対立していると言われていた「器官なき身体」は、『千のプラトー』でははっきりと、「有機体と呼ばれる器官の組織化」に対立すると言われる。ドゥルーズとガタリは、マゾヒスト、麻薬常習者、狂人と、様々な例を引きながら「器官なき身体」の特徴を定義していく。しかしその中で最も重要だと私が思うのは、「強度」との関係である。

CsOは強度によってのみ占有され、群生されるように出来ている。強度だけが流通し増殖するのだ。（中略）CsOは強度を流通させ生産し、それ自身、強度であり非延長である内包的空間 *spatium* の中に強度を配分する。CsOは空間ではなく、空間の中に存在するものでもなく、一定の度合いをもって空間を占める物質なのだ。（同書、三一四ページ。部分的に改訳）

「強度」についてはすでに第1章で語っておいた。人間を構成する様々な要素のうちの一つだけからなる次元（平面）に生じる衝撃が「強度」である。したがって「器官なき身体」を出現させるためには、私たちは強度の次元を開き、そこへ入り、強度としての生を引き受けなければならない。というよりむしろ、そうした「強度としての生成（devenir intense）」を実現すること自体が「器官なき身体」を出現させることになっているのだろう。もちろん、そう簡単に「器官なき身体」を出現させることはできない。いや、「器官なき身体」には接近することしかできないとさえ言われている。また危険な「器官なき身体」を出現させないように慎重でなければならない。私たちの中には、すでに癌のようにファシストの、資本の「器官なき身体」が住み込んでいると、ドゥルーズとガタリは警告している。それでも「器官なき身体」が重要であり続けるのは、「器官なき身体」が「強度」をみなぎらせ、生産の原理となり、運動を開始させる「卵」だからである。「強度」は純粋な差異であって、反復でもあった。「器官なき身体」はそうした強度が内包する差異と反復を出現させ、何か「新しいもの」を到来させるための実践なのである。ただ「器官なき身体」ですべてが終わるのではない。むしろ、すべてがそこから始まると言うべきだろう。

リトルネッロ

さて、やっと「リトルネッロ」までたどり着いた。「器官なき身体」は一種の白紙状態のようなものだが、ある体制から別の体制に移る時に、一瞬垣間見られる切断面と考える方が良い。Aという体制から白紙へ、白紙からBという体制へという風に段階を踏んで移行するというのではない。様々な要素が、様々な次元で影響し合いながら変容し、その結果新たな状況へ移る。そしてその移行が起こる際に、様々な次元を斜めに横断しながら一つの面が開ける。それが「器官なき身体」ということである。そしてその上に新たな体制のコードが書き込まれ、新たな「領土化」つまり「再領土化」が起こる。「リトルネッロ」とはその新たなコードの書き込み、新たな領土化のための方法の一つである。あるいは、「器官なき身体」を出現させる過程を起動させる時点ですでに「リトルネッロ」は運動に参加していると言うべきかもしれない。ドゥルーズとガタリは、世界のあり方あるいは世界と人間の関係を、「機械」という言葉で捉えると同時に、また一方では「カオス」（物理的地層）に対して「意味」（有機的地層）そして「主体化」（人間的地層）という三つの次元を置きながら思考している――一つの地層を抜け出て、他の地層と交わることが彼らにとっての大問題、つまり「生成変化」である。「顔貌性（visagéité）」と言われるものは、真っ白で何もない白い壁（ホワイト・ウォール）に二つの黒い穴（ブラック・ホール）が生じ、「顔」になるという過程であり、そこから様々なより複雑化した意味が展開するという、「意味」の次元における強烈な領土化の力を指している。そして「リトルネッロ」は、その「顔を解体し」、新たな顔を作り出すための方法とも言えるだろう。

とはいえ、なぜ「リトルネッロ」なのか。本来この言葉は西欧音楽の歴史において、主にバロック音楽の時代によく使われた楽曲形式を指す。ある主題が、間に別の主題を挟みながら、その度ごとに異なった調で回帰する（「リトルノ」というイタリア語は「戻る」という意味である）形式である。たしかに『千のプラトー』の中の「リトルネッロ」についての章は、暗闇の中で響く子どもの歌に始まり、鳥のさえずりや街角の囃子歌を経て、メシアンやヴァレーズなど、音や音楽が議論を主導している。もちろん新たな体制への移行には音楽が重要だなどという単純なことではない。音楽が持っている他の芸術にはない特別な浸透力、浮遊力をモデルとしようとしているのである。「あたかも……であるかのようにする」というきわめて実践的な「比喩」とも言えるかもしれない——第10章で見るように、アガンベンはこの「あたかも」が持つ宗教的意味合いに大きな意味を与えるが、ドゥルーズとガタリに宗教性は全くない。色が事物や大地に、そして領土性に密着しているのに対し、音は「われわれの内面に侵入し、われわれを駆り立て、引きずり、横断する」（『千のプラトー』中、三九六ページ）。暗闇に音が響く場合もあれば、すでにそこにある風景や町並みに音が響く場合もある。しかしそれが単なる拍子（mesure）であっては大きな力は生まれない。リズム（rythme）でなければならないとドゥルーズとガタリは言う。軍隊の行進が拍子の代表であるとするならば、リズムを代表するのはまさに鳥のさえずりである——現代音楽でも民族音楽でも、リズムは必ずしも拍子を前提としていない。語源的にもリズムという言葉は古代ギリシア語の rhythmos が rhein（流れる）から来ているように、必ずしも繰り返しが必要なわけではない。リズムは常にカオスと対峙し、領土を示すことによって自らの環境を作る。軍隊の行進にそんな力はない。ただすでに形成された形式の中で充足し、反復しているにすぎない。鳥のさえずりは、差異つまり運動と強度を内に含んでいるのである。ただしかし、領土化することだけが「リトルネッロ」の働きであるわけではない。ドゥルーズとガタリは四種類の

「リトルネッロ」を区別している。まず①基本形としての「領土的リトルネッロ」。これについてはすでに述べた通りである。一度解体された領土に再びコードを与える働きがこれである。次に②ある特定の対象だけを領土化するリトルネッロ（子どもを領土化する子守歌のように。ここで領土化というのは、子どもとつながり、子どもを眠りの体制へと取り込むということである）。③同じ領土に留まらず、つまり脱領土化を自ら行って、別のアジャンスマンつまり別の領土へと移行するリトルネッロ。そして最後に④「絶対的脱領土化の運動を誘発する」、「対決、ないしは出発の」（同書、三五二ページ）リトルネッロ、風や雨と、そして宇宙へと合流するリトルネッロが存在する。しかしこれでも釈然としない。いったいどうしろというのだろうか。「リトルネッロ」という言葉の中心にいったい何があるのか。

ガタリが「リトルネッロ」という言葉の発想を得たのは、おそらくマルセル・プルーストの『失われた時を求めて』という小説の中に現れるいくつかのテーマの働きについて考える中でのことだろう。一九七九年つまり『千のプラトー』の前年に出版された『機械状無意識』には「『失われた時を求めて』のリトルネロ」という非常に長い論文が収められている。というよりむしろこの著作全体が、その第二部とされているこの論文のために捧げられていると言ってもよいぐらいである――また同様の内容の文章は、二〇一一年にまとめられた『ひとはなぜ記号に従属するのか』（原題は「漏出線」）にも収められており、プルーストをリトルネッロと顔貌性とが交錯する「リゾーム」として読み解く作業にガタリが当時集中的に取り組んでいたことが分かる。ガタリによる単著はいくつも出ているが、そのどれにおいても私は奇妙な驚きを感じる。ドゥルーズから解放されたガタリ……。ガタリのとんでもない創造力をドゥルーズはよく押しとどめていたものだ。単著におけるガタリは本当に自由に語っている。この論文もそうだ。『千のプラトー』ではほんの少し言及されるだけのプルーストについて、ここでガタリは思い切り自分の考えを述べている。しかもその中心にあるのが「リトルネッロ」である。「リトルネッロ」としての、ヴァントゥイユのソナタの小楽節……。紅茶に浸したマドレーヌと並んで有名なこのモチーフは、確かに重要な登場人物スワンとオデットの恋が進展し、変容していく度に登場する。そのそれぞれの展開をガタリは「九個のアジャンスマン」というまさに「機械」装置として捉え、件の小楽節がそれぞれの機械に対してどのように働きかけているかを「リトルネッロ」として解明している。ぼんやりとスワンの記憶の中にあった小楽節が、オデットとの出会いの中で特別な意味合いを持ち始め、やがてサロン全体における人々の布置の中心となっていることが分かる。しかしスワンのオデットへの愛は意外にもオデット自身から離れ、ボッティチェッリの絵の中に描かれたゼフォーラの顔へと移っていく。オデットの側からの仕掛け、別のサロン、〈私（話者）〉と小楽節、同じ作曲家の別の曲（七重奏曲）、リトルネッロの死と復活、という風にまとめることもできそうだが、正直なところ、私にはこうしたガタリの読みがプルースト研究としてどの程度の信憑性を持っているのかは判断できない。さらに言えば、こんな風に物語のあらすじをたどることは、この小説の魅力というか魔力を全く理解していないことになるように思う。例えば、先に「ぼんやりと記憶の中にある」とまとめてしまった状態（ガタリでは「第一のアジャンスマン」）を、どれほど詳細に、独創的に、美しく、プルーストは描いていることだろう。その箇所をあえてここで引用しておきたい。
その前の年、スワンはある夜会で、ピアノとヴァイオリンで演奏された曲を聴いたことがあった。最初は、楽器から出る音の物質的特徴しか味わえなかった。ところがそれが大きな喜びとなったのは、ヴァイオリンの、か細いけれど持久力のある密度の高い主導的な小さな線の下から、突然ピアノのパートが、さざ波の音のように湧きあがり、さまざまな形のそれでいて分割できない平面となってぶつかりあうのを見たときで、それはまるで月の光に魅せられ半音下げられて揺れうごく薄紫色《モーヴ》の波を想わせた。しかしその過程でスワンは、自分を喜ばせてくれるものの輪郭がはっきり識別できず、それを名づけることもできなかった。（『失われた時を求めて2　スワン家のほうへⅡ』六五〜六六ページ）

名づけることのできないもの、大切なものを、言語はいかにして語ることができるのか。学生の頃、フランス人の先生とともにプルースト読み、初めてフランス語の文章が持つ論理の力を実感したことを今も思い出す。ここの箇所のフランス語は、美しく複雑で、しかも一つの論理を内に秘めた恐るべき文である。

話を戻そう。私が言いたかったのは、ガタリが「リトルネッロ」という言葉にどんな意味合いを与えていたのかは、彼のプルースト論を読めばよく分かるということである。それは様々な場面に現れては、そこで独自の働きをし、新たなコードを作り出しながら領土化を進め、また場合によってはそれを変容させる。しかもそうしたことを行いながら同時に自分自身も変容する。そんな一種のトリックスターのような存在が「リトルネッロ」である。「リトルネッロ」には常に一つの敵がいる。先にも述べたように、「顔貌性」である。この強烈な意味生産作用に対し、「リトルネッロ」は勝つ場合もあれば、負ける場合もある。例えばオデットの顔がゼフォーラの顔と重ね合わせられる時、ヴァントゥイユのソナタの小楽節はオデットとスワンの恋の「国歌」としての力をもはや失っている。オデット本人と彼女から微妙にはずれた抽象的女性存在との間の緊張感の上に成り立っていたスワンの恋は、今やオデット本人から決定的に乖離してしまう。しかしあの小楽節は再び別の所（別のサロン）で姿を現し、また〈私〉へとつながっていく。ガタリが考える「リトルネッロ」は、様々な場所の機械状無意識に働きかけ、既存の決まり事つまりコードを変え、その場のあり方つまり領土性を変えていく要素である——もちろん無意識に働きかける以上、きわめて繊細にそして敏捷に反応しなければならないことをガタリとともに私たちは承知しておかなければならない。では、この現代においてどんな「リトルネッロ」が必要なのか。『機械状無意識』は、ある意味で『アンチ・オイディプス』と『千のプラトー』の間を埋める著作でもある。資本主義的機械の中で、いかに動けば良いのかということがさらに詳しく考察されている。個人と家族のレベルでは、個人の「ほんのわずかな運動をもコントロールすることに向けられる権力作業に対し」、社会のレベルでは、新たなテクノロジーを駆使して、さらなる「収益性」だけを求めるシステムに対し、「リゾーム的突然変異」をしかける。「伝統的（生物学的および太古の）リズムを脱領土化し、資本主義的リトルネロを破棄し、宇宙や、時間や、欲望への新たなかかわり合いの可能性を切り開く」（『機械状無意識』一二二ページ。部分的に改訳）リトルネッロ（資本主義はリトルネッロさえ自分のために使っている！）。どうやら、先に見た『千のプラトー』における四つのタイプのリトルネッロのうち最後のもの、つまり対決あるいは出発のリトルネッロこそ、最も重要で最も強力なリトルネッロだとガタリは考えているようだ。絶対的脱領土化……。リトルネッロは本来再領土化のための方法であった。それがもう領土化を行わないのか。いやそうではない。風や雨と、そして宇宙と合体するのである。「さらば、振り向かずに行くよ」（『千のプラトー』中、三五二ページ。フランス語版オペレッタ「白馬亭」中の一曲からの一節。「さらば、目をそらさず前を向いて行くよ」が歌詞の本来の意味）、本当に変化を求める時、私たちにはこうした決意が必要なのだろう。本書の終章で書くつもりだが、たしかに今私たちに求められているのは、宇宙に対する人間の責任を果たせるような、何らかのきわめて重要な変化である。しかしそのためには、「訣別」が必要だろう。資本主義と生政治が与えてくれる安楽な生活から「出て行くこと」……。最後に、遺作となった『カオスモーズ』から「リトルネッロ」についての一節を引用しておこう。

リトルネロの概念によって私たちは、まとまった塊のような情動だけでなく、最高度に複雑で、音楽や数学のように非物体的な宇宙への入り口を開く触媒となり、脱領土化の度合いが最も高い実存の領土を結晶させるリトルネロをもとらえようとしているのです。こうしたタイプの横断主義的リトルネロは厳密な時空間の境界画定をすり抜けます。（中略）重要なのはむしろ生物学、エソロジー、社会文化、機械、宇宙空間など、実に多様な領域に作用し、複合的リトルネロがあくまでも相対的な実存の共時態を築く際に起点となる部分的時間化のモジュールなのです。(『カオスモーズ』三〇ページ)

私は今、ガタリという人物がやっと分かってきたような気がする。そして一度だけでも彼と話をする機会を持てるよう努力すれば良かったと後悔している。

第8章　パレーシアと別の生（フーコー）

いわゆる後期のフーコー、つまり一九八〇年代のフーコーの思考の中心軸には、生前に出版された『性の歴史』第二巻、第三巻の中心的なテーマである「自己への配慮」の問題系と、コレージュ・ド・フランスでの講義で繰り返し取り上げられる「真実の語り」という問題系とが併存している。「併存」というのは少し単純すぎるかもしれない。「真実の語り」の問題系の中に「自己への配慮」の問題系は組み込まれているからである。そしてその「真実の語り」の問題系の中で大きな位置を占めているのが、「告白」と「パレーシア」であろう。本書ではこれまで「エピステーメー」、そして「ミクロ権力」という二つの概念について語ってきたが、フーコーから取り上げる三つ目の概念はその「パレーシア」である。「パレーシア」の重要性についてはすでに多くの人が語っている。私も同様に考えている。ただ、あらかじめ言っておこう。実のところフーコーが行き着いた先は「パレーシア」ではない。フーコーが最後の最後に講義ノートに書き残した「別の生（la vie autre）」こそ本書の八つ目の概念として私が本当に取り上げたい概念である。

フーコーは、特に晩年の講義録を読めばよく分かることだが、自分の研究を常に自分自身のこれまでの軌跡の中に位置づけながら、たえず軌道修正を行っていた。系譜学的眼差しを常に自分自身にも向け続けていたと言うことができるだろう。「自己への配慮」と「真実の語り」という二つの問題系を、これまでの自らのすべての研究――『狂気の歴史』から『言葉と物』を経て、『監獄の誕生』そして『性の歴史』へとつながる巨大な思考の総体――と関わらせ、それらを整理し、秩序立て、その先に現在の研究を位置づける。自らを自らと関わらせ、否応のない筋道をつける。本章は、そうしたまるで苦行のようなフーコーの自己分析への敬意の表現にしたい。したがって、本章ではフーコー晩年のコレージュ・ド・フランス講義をフーコーとともにゆっくりとたどりながら、問題を整理し、フーコーの思考の道筋をその最後の地点まで追っていきたい。

真実の語り、キリスト教世界から異教世界へ

コレージュ・ド・フランス講義第一年目つまり一九七〇〜七一年度の「知への意志」講義からすでに、フーコーは「真理」というテーマが今後自分の最も重要なテーマになると述べているが、その後のコレージュ・ド・フランスでの講義内容をたどる限り、真理の表明あるいは真実の語りが前面に出てくることはしばらくない（『〈知への意志〉講義』三二一〜三三ページ）。規律権力との関わりから刑罰理論そして精神医学の権力が扱われた後、社会に内在する「闘争」というテーマを経て、生権力／生政治へとフーコーの関心は移り、統治性（gouvernementalité）という概念が登場する。この流れを受けつつ、

真理の問題が再び姿を現すことになるのは、一九七九～八〇年度の「生者たちの統治」においてである。そこでこの年の講義を少し詳しくたどっておこう。

この年の中心となるテーマは、フーコーの言葉を借りれば、「権力の行使は、いわば真理を現出させることがなければ果たされえないという主題」（『生者たちの統治』二五ページ）である。もちろんこの主題は、権力が持つ普遍的性格などではなく、あくまでも西欧社会において現れた歴史的事実ないしは実践（例えば、国家理性、重農主義、サン＝シモン主義など）について述べられているのであり、フーコーが取り組もうとするのは、なぜそうした真理と権力の結びつきが西欧においては断続的に現れ続けたのかという問いに答えることである。そしてそのための手続きとしてフーコーは、キリスト教において「真理の体制」がいかに出現し、いかに変容していくかを、①洗礼、②悔い改め、そして③良心の検討といった実践の詳細な検討に基づきながら、跡づけていく。

では「真理の体制」はキリスト教から始まったものなのか。そうではない。古代ギリシアやローマにおいてもそうした結びつきが存在したことを、フーコーは見逃してはいない。ローマ皇帝セプティミウス・セウェルスの部屋の天井に描かれた星座についての逸話を講義の導入として置いた後、さらに三回の講義を費やして『オイディプス王』における真理現出（アレテュルジー）のドラマについて長く述べている他に、特に注目すべきは三月二〇日の講義での、キリスト教以前の時期における魂の試練の技法、指導の実践についての指摘である。なぜなら、ここで少々駆け足気味に取り上げられたピタゴラス派、さらにセネカにおける良心の検討が、その後の数年、言い換えれば彼に残された年限をかけてフーコーが古代ギリシア・ローマにおける「真実の語り」の探究へと向かっていく導きの糸となったように思われるからである。なるほどフーコーははっきりと次のように述べている。

罪を犯した主体自身による罪の詳細な言語化と、自己自身の認識や発見や探索の手続きの出現、そしてこれら二つの手続きの結合は重要な現象であり、キリスト教において、そして一般に西洋において、［これらが］出現したことは、西洋的人間の主体性が練り上げられていく長い過程の端緒を画するものです（中略）いずれにせよ私は［この］歴史を描きたい（中略）それは、悪を消し去る機能がある自分自身についての〈真実なることの語り〉(dire-vrai) と、未知から既知へと〈自分自身を移行させること〉の結合なのです。（同書、二五七ページ）

しかしその後すぐ彼はこう留保をつける。

洗礼志願期、魂の試練、エクソモロゲーシス、自己自身の暴露などに［ついて］、私はあくまでキリスト教内部に特有な現象としてお話ししてきましたし、こうしたすべてのことがキリスト教とともに生まれたかのように説明してきました。これが本当ではないのはたしかで、事態はそのようには経過せず、言うまでもなく魂の試練の技法も自己自身の暴露の技法も、異教世界にすでに長い歴史を持っていました。（同書、二五九ページ）

ところで、性の歴史のもともとの構成を思い出してみよう。第一巻の後は、第二巻「肉と身体」、第三巻「少年十字軍」、第四巻「女性、母、ヒステリー患者」、第五巻「倒錯者」、第六巻「人口と人種」と続くはずだった。したがってフーコーによる性の歴史は、当初はキリスト教世界における性の歴史であった。「生者たちの統治」講義で語っている内容は、第二巻の一部となるものであっただろう。ところがコレージュ・ド・フランスでの次の年の講義「主体性と真理」では、キリスト教世界ではなくローマ帝国後期における結婚制度の変化を手がかりに、アフロディージアの養生法が取り上げられることになり、これが実際に出版された『性の歴史』の第三巻の一部となる。性の歴史のプロジェクトは、明らかにより以前の時代へと拡張されたのである。そうしてさらにその次の年の「主体の解釈学」に至って、まさにフーコーが留保として述べた異教世界での魂の試練の技法等が取り上げられることになるのである。――ただし、キリスト教世界内における〈真理の体制〉についての研究をフーコーが放棄したわけではなく、とりあえずいったん棚上げにしておくという姿勢であったことは、「主体の解釈学」の中でもキリスト教との比較が随時行われていることや、さらにルーヴァン大学での一九八一年の講義「悪をなし真実を言う」ではキリスト教における告白の問題が大きく取り上げられていることからも明らかである。

フレデリック・グロが『主体の解釈学』への解説（「講義の位置づけ」）で明らかにしているように、一九八〇年代に入ってからのフーコーは、古代のセクシュアリティの歴史と自己の技法という二つの問題系によって引き裂かれており、「自己への配慮」というタイトルは本来ならば、性の歴史とは独立した自己の技法についての書物に当てられるはずであった（『主体の解釈学』五七四ページ）。ただ、今見てきたように、この二つの問題系のうち後者の方は統治性という問題系から連続して現れてきたものでもある。真理の表出による統治という西欧的統治性の起源を探るならば、キリスト教世界を超え、古代ギリシアまで遡らなければならない。すると西欧的統治性は、他者の統治の絶対条件として自己の統治を置いていたことが分かる。そしてそれゆえに、自己の技法は古代ギリシア・ローマにおいてきわめて重要な課題として存在していたのである。では自己の統治と自己についての真理ないし真実の表出との関係はどうなのか。

ここには「自己への配慮」と「汝自身を知れ」というデルフォイの掟との緊密かつ複雑な関係がある。一方から言えば、「汝自身を知れ」は「自己への配慮」の一つの、ただし最終段階にある要素である。しかし他方、ソクラテスの立場からすれば、「汝自身を知れ」とは自らが人々に「自己への配慮」をなせと訴える者であることを知ることでもある。自己の統治は、様々な意味で自己を配慮することであり、それは（ソクラテスの導きによって）自己自身の真実を知ることから始まる。しかもその「真実」を言語化することによって……。（とりわけ英語によるインタビューなどで）フーコーは「自己の統治」を「生の芸術作品化」、「生存の美学」とも言い換えているが、その一方で「自己の統治」は「自己の真実についての語り」という契機を含んでおり、それゆえに「主体の解釈学」講義のみならずいくつかのインタビューなどにおいて、フーコーは、「自己の真実についてのエクリチュール」に大きな関心を抱いていることを明かしている。

以上、後期フーコーの思想は「権力」の問題系から「主体」ないし「主体化」の問題系へ、あるいはさらに単純化すれば「政治」から「倫理」へという道筋に沿って語られることが多かったが、そこにもう一つ「真実の語り」という線を引いてみるとどうなるかということを考えてみた。「真実の語り」が、「自己の統治」という契機を通じて「権力」(統治性)と「主体化」の間に通底していると言えるのではないだろうか。

「真実の語り」という問題系におけるパレーシアの位置

ではその古代ギリシア・ローマにおける「真実の語り」という問題系の中で、パレーシアという主題はどのように現れ、どのような位置を占めることになるのだろうか。

周知のように、パレーシアについてフーコーが中心的に語るのは、コレージュ・ド・フランス最後の二年の講義においてであるが、実はそれに先行して、「主体の解釈学」講義においてフーコーは、ある特定の種類のパレーシアについて語っている。「主体の解釈学」の中心的テーマは、先にも述べたように、「自己への配慮」あるいは「自己の技法」であった。主に検討されるのは、プラトン/ソクラテス(『アルキビアデス』等)における自己への配慮と紀元後一・二世紀の哲学の師の指導による修練(アスケーシス)であるが、このうち後者に関してパレーシアという主題が一九八二年三月一〇日の講義において(三月三日の講義の最後で予告された後)現れる。「真実の言説を持っている主体と、それを受け取り、生涯にわたる備えにするような主体とのコミュニケーション」においては、とりわけ師による真実の言説をめぐる「技術的・倫理的な」問題が生じ、そこにパレーシアという概念が現れるのだとフーコーは言う（『主体の解釈学』四二一ページ）。追従や弁論術との対比を経て、フィロデモス、ガレノス、そしてセネカの文献が検討され、最後に古代の魂の教導において「真実の語り」の問題が師の側にあったのに対し、キリスト教においては導かれる側がいかに自らについての真実を語るかという方へと変容していると「俯瞰的に」指摘して、この日の講義は終わっている。師の教導においては、「師のパレーシア」は①できる限り粉飾のない「透明な」言説であること、そして②そこに師自身の行いや人生が現出していること、が求められ、しかもまさにこのことによって弁論術の規則などからパレーシアは解放され「率直な語り」となる。興味深いのは、最終年度の講義において主たるテーマの一つとなる犬儒（キュニコス）派の語りが、（セネカにおいてということではあるが）大衆を対象として「暴力的で誇張に満ちた演説」（同書、四五二ページ）として語られていることである。つまり、この時点でキュニコス派にはさほど大きな重要性が認められてはいなかったと言えるだろう。

先へ進もう。残るは、最後の二年のコレージュ・ド・フランス講義とその間に挟まれたカリフォルニア大学での講義である。

そのうち一九八二〜八三年度の講義「自己と他者の統治」は、カントの「啓蒙とは何か」についての話から始まるが、第二回講義においてフーコーはまずこれまでの研究からの三つの移行、すなわち①知の編成から真実の語りへの、②行動の規範性・権力の技術から統治性への、そして③主体理論から自己の諸実践への移行を確認した上で、その年の講義のテーマを次のように明確にする。

これから見ていきたいと思うのは、それらの相関関係はどのようにうち立てられ得るか、また実際にどのようにうち立てられているのかという点であり、また、その相関関係を特徴付け、それが実際どのように機能しているかを示しているいくつかの要点や要素、いくつかの概念や実践行為を捉えるように試みたいと思うのです。(『自己と他者の統治』五二ページ)

パレーシアについて語り始めるのは、まさにこの点において、すなわち三つの領域を相関させる概念・実践行為という点においてである。ところが、先に私たちが見てきたように、実のところこの三つの領域は「真実の語り」という一本の筋に沿ってつながっているとも言える。西欧的な統治性すなわち「真理の表出による統治」は、キリスト教初期に確立された「真理の体制」を端緒に持つが、その確立の前提条件とも考えられる古代ローマ後期そしてさらに古代ギリシアの「自己の技法」は、他者の統治の条件たる自己の統治の技術であり、自己の真実についての語りをめぐって展開される自己の主体化の過程でもあった。とすれば、パレーシアとはまさに、「真実の語り」が「主体化」と「統治性」をつなぐ紐帯として現れる点でもあるだろう。

この年の講義で主に扱われるのは、エウリピデスの『イオン』におけるパレーシア(これと同様の構造を持つパレーシアとして、ペリクレスによるアテナイ市民へ向けた演説にも言及されている)とプラトンの『書簡集』第七書簡(および第八書簡)におけるパレーシアである。エウリピデスの『イオン』では、本人も知らなかった出自(アポロンがアテナイの名家の出である母、アテナイ王エレクテウスの娘クレウサ、に産ませた子であること）によって主人公イオンにパレーシアの権利が与えられることが、劇の結末となる。ここでパレーシアはアテナイ直系の母から生まれること（土地への帰属）によってのみ与えられる政治的権利であるが、単なる政治的権力（母クレウサの夫クストスはイオンにアテナイの支配権を禅譲しようとしている）ともアテナイ市民という地位とも異なっている。パレーシアは政治的なものの「上にある言葉〔une parole d'au-dessus〕」（同書、一三一ページ）なのである——講義でフーコーは、母クレウサがアポロンに訴える場面での呪詛としての、あるいは告白としての「真実の語り」や神々による「真実の語り」などにも着目しつつ、この悲劇の複雑さを念入りに分析しているが、それらはこの劇においてパレーシアと呼ばれることはない。では、ポリュビオスが民主政をイセーゴリア（発言の平等）とパレーシアとの併存によって説明していることは何を意味するのか。次のようにフーコーは指摘する。

パレーシアが存在するためには、各々に語る権利（イセーゴリア）を等しく与えるようなポリテイアがなければならない。しかしながら、パレーシアは何か特別なものです。つまり、単なる発言についての法的な基本権ではない。（中略）個人同士が互いに対するある種の支配力を持つことを可能にするひとつの要素なのです。（同書、一九八ページ）

パレーシアは政治的なものであるが、それだけではない。個人を社会の中で他者から区別し、他者を導く立場に置くことのできる要素、言い換えれば「真実の語り」が権力とつながる点なのである。

一方プラトンの第七書簡で現れてくるパレーシアは全く異なっている。ここで当事者となるのは、哲学者（プラトン）と僭主（ディオニュシオス二世）である。後者が哲学を学びたいという意志を持っていることを、政治と哲学が結合できる良い機会（カイロス）であると前者は考え、助言を行う。ただし、助言の内容は平板だとして詳しく検討されず、むしろ重点が置かれることになるのは、エウリピデスの劇やペリクレスのパレーシアからの変化、つまり「直接語りかけるような統治形態から、他者を統治するための自己の統治への移動」（同書、三七三ページ）である。そしてさらにフーコーは、「ここを出発点として、古代思想からキリスト教の発展に至るまでの主要な側面のいくつかについて、ある種の俯瞰的な視点を得ることができる」（同書、三七五ページ）と言う。すなわち、〈真実の語り〉の場所、真実と勇気との関係、最後に魂の統治、魂の教導という一連の問いである。パレーシアの問題系を通じて、古代ギリシア、古代ローマ後期、そしてキリスト教初期という三つの段階がフーコーの中でつながっていたことが分かる。

実際の講義はこれ以外にも様々な著作を検討しながら、きわめて豊穣な思考の波を形成している。とはいえ、最後の年の講義に進もう。いやその前に「真理とディスクール」はどうなのか。一九八三年一〇月から一一月にかけてカリフォルニア大学バークレー校で行われたこの六回の講義は、単にコレージュ・ド・フランスでの講義の間に挟まっているというだけでなく、ある意味でその二つの講義、さらには「主体の解釈学」講義をも含み込んだ次元で、晩年のフーコーの中にあった問題系を明らかにしているとも言える。なぜなら、『イオン』におけるパレーシアから、ソクラテスにおける自己への配慮としてのパレーシア、キュニコス派のパレーシア、そして自己の技術としての紀元二世紀前後のパレーシアというように、時間軸に沿ってパレーシアの様々な形態が順に説明されているからであり、さらに、繰り返しフーコーは当時の仕事の総括を行っているからである。最終日、彼は次のような俯瞰図を示している。西欧において真理は二つの側面において問題として構成されてきた。一つは、「命題が真であるかどうかを確認する方法」すなわち「真理の分析学」としての側面。そしてもう一つは、「真理を語ること、真理を語る人を認識すること、真理を語る必要を認識することがどこまで重要かという問題」すなわち「批判的な問い」としての側面であり、セミナーの目的、言い換えれば当時のフーコーが行おうとしていたことは、後者の系譜学だったのである（『真理とディスクール』二四八ページ）。

ソクラテスとディオゲネス——真の生と別の生

私たちはやっとコレージュ・ド・フランスでの最終年度にまでたどり着いた。「真理の勇気　自己と他者の統治II」と題されたこの年の講義において中心となるのは、ソクラテスのパレーシアとキュニコス派のパレーシアである。ソクラテスについては、『弁明』や『ラケス』といった対話篇を検討しながら、彼の「真実の語り」が、同時代に存在した預言、知恵、教育という他の三つの「真実の語り」とは異なった語りすなわちパレーシアであり、それを構成する「神が語ることについての探究、諸々の魂それぞれに対する試練、その探究の目標そのものとしての自己への配慮」（『真理の勇気』

一〇七ページ）という三つの要素のうち、自己への配慮こそが、この「勇気ある哲学的言説の根本的テーマとして最終的に現れるもの」（同書、一一二ページ）であるとフーコーは言う。では自己への配慮において何が実際に配慮されなければならないのか。ソクラテスの返答は二種類ある。『アルキビアデス』ではそれは魂であるとされたが、『ラケス』では生、生存こそ配慮されるべきものである――前者が魂の形而上学であるとするならば、後者は生存の美学となるだろう。しかし美しい生存への配慮ははるかホメロスの時代からあったものだ、とフーコーは続け、さらにこう断言する。

私が把握し直したいと思っているのは以下のことです。〈真なることを語ること〉が、西欧哲学の始まりそのものにおいてソクラテスとともに現れるその倫理的形式のもとで、可能な限り完璧にこしらえるべき作品としての生存という原則と混交したのは、いったいどのようにしてなのか。
（同書、二〇四ページ）

つまり真なる言説（真実の語り）と生存の技法（自己への配慮）とがどのようにして組み合わされたのか、という問題こそフーコーが最大の関心を持っていたことであり、『ラケス』において明らかになってくるのは、真実を語ることができるのはその語りと生が一致・調和している人物すなわちソクラテスにおいて他にはないということであった。フーコーは、「〈真なることを語ること〉の要請と生存の美の原則とが自己への配慮のうちで結び合わされた契機を、ソクラテスのもとに見いだそうと試み」（同書、二〇五ページ）ていたのである。とすれば、キュニコス派のパレーシアについての考察が、フーコーにとってきわめて重要なものになるのは当然のことであった。なぜなら「キュニコス主義は、生の様式と〈真なることを語ること〉とが互いに直接的に、無媒介に結びついた哲学の一形態である」（同書、二〇八ページ）からである。

ではキュニコス派の生の様式、犬の生とも言われる彼らの生とはどういったものか。フーコーは次のように解釈する。古代ギリシアにおいて伝統的に真の生の特徴とされたのは、①隠微されないこと、②非依存的であること、③まっすぐである（ノモスに従う）こと、そして④主権的であること、という四つの特徴であった。そしてキュニコス派は、それらの特徴を極限まで推し進め、場合によっては反転させてしまう。①慎みを欠き、恥知らずで、赤裸で、②何も欲求せず、何も持たず、③敵にかみつき、風習を破り、しかも④人のために奉仕し、また徹底的に依存するのが、キュニコス派の生なのである。

先にも書いたが一九八三年からフランスに渡っていた私は、フーコー最後のコレージュ・ド・フランス講義の一聴衆としてその場にいた。ここで挙げたようなキュニコス派の特徴をフーコーが熱く語っている姿が、今でも目に浮かぶ——その前年度の講義の内容などまだ知るよしもなかった当時の私は、なぜフーコーが突然古代ギリシアのこの異端とも言えるような哲学の一派について、かくも激しく語っているのか全く理解できなかったのだが。とはいえ、彼らの生が興味深いのはこの点においてのみではない。彼らの生において、真の生は別の生でもある——これがディオゲネスが受けた「貨幣を変えよ」というデルフォイの神託が意味するところであるとフーコーは言う。そして、結局講義で読まれなかったまま残された草稿の最後は、こう終わっている。

自己への配慮と真理の勇気とのあいだの諸関係をめぐる問いを立てるとき、プラトン主義とキュニコス主義は、互いに向かい合い、互いに異なる系譜を生じさせた二つの大いなる形式を体現しているように思われる。すなわち、一方には、プシュケー、自己の認識、浄化の作業、他界への接近があり、そして他方には、ビオス、自己自身の試練、動物性への還元、この世における世界に対する闘いがあるということだ。

しかし、最後に私が強調しておきたいのは以下のことである。すなわち、真理が創設される際には必ず他性〔l'altérité〕の本質的な措定があるということだ。真理、それは決して、同じもの〔le même〕ではない。真理は、他界〔l'autre monde〕および別の生〔la vie autre〕の形式においてしかありえないのだ。(同書、四二八〜四二九ページ)

前者つまりソクラテス側の生は、フーコーが徹底的に批判しようとしたキリスト教における「肉の告白」へと通じる道である。おそらくフーコーが共感を抱いていたのは、後者すなわち「別の生」への接近の方であっただろう。キュニコス派の「他」とは、「真であるとされているもの」を徹底的に極限まで推し進め、ついにはそれを反転させてしまうことであった。同じであることの破壊こそがキュニコス派の生なのである。神崎繁の言うように、「「慣習の破壊」、「スキャンダル」「自己との内的闘争」というこれら三つのキュニコス派的パレーシアーの特徴は、フーコーその人にそのまま当てはまる」(『フーコー——他のように考え、そして生きるために』一一八〜一一九ページ)だろう。ただ、この草稿が読まれなかったことも事実である。なぜフーコーは読まなかったのか。私の考えはこうである。草稿の後半で、フーコーは「真理、それは決して、同じものではない」と言っているが、これが当てはまるのは「別の生」だけではなかろうか。ソクラテスの真理は、他界との関係で措定されはするが、それ自身が他なるものに向かうわけではない。むしろ自己に同一で、変化することのない、古代ギリシアにおける正統的な真理観を受け継ぐものである。その真理観を極限へと推し進めることによって、その外へ出、ついには他なるものつまり「他性」へと至るのは、キュニコス派の「別の生」だけである。真の生と別の生の間に、実は対称性はない。ところが草稿は、その二つを対称的な位置に置いている。この論理の破綻にフーコーは気づいたのではないだろうか。

他であること、外であること

振り返ってみると、フーコーは「他であること」に常に深い関心を寄せてきたように思う。それに「外であること」を付け加えても良い。狂人たちは、狂気の歴史の中で常に「他者」であったし、常に「外」に置かれていた——一七世紀のあの「大いなる封じ込め」はその他者を「内なる外」にまさに封じ込めたのであり、さらに一九世紀の精神医学はその他者から「他性」を奪い、理性のもとに矯正しようとした。規律権力も生権力もまさに「他であること」を認めない権力である。前者は、すべての構成員を同一の規範に適合した主体へと変容させ、後者はすべての構成員を内に含みこむ。ミクロ権力は「他」と「外」を認めない権力であった。

「外の思考」という文章がある。一九六六年に『クリティック』誌という、フランスの前衛的文学や現代哲学を牽引した雑誌のモーリス・ブランショ特集に寄稿した文章である。ここでフーコーは、同時代の文学や哲学が運命づけられた思考の形態を「外の思考」と呼び、「言語の赤裸な体験が「私は在る」の明証性」を揺るがし、「話す主体がそこにおいては消え失せる」場所、つまり「われわれの哲学的反省の内面性、およびわれわれの知の実証性」の「外」に位置づける(「外の思考」『ミシェル・フーコー思考集成』II所収、三三八〜三三九ページ)。そしてサド、ヘルダーリンに始まり、ニーチェ、マラルメ、アルトー、バタイユ、クロソウスキーと連なるそうした「外の思考」の系譜をまさしく自ら体現するのがブランショだと言うのである。同年に出版された『言葉と物』の末尾で、近代のエピステーメーの終焉と人間(もちろん人間諸科学を成立させた概念としての人間)の死を告げる経験は、この「外の思考」とほぼ合致している。言語は、かつて古典主義時代と言われた時代には、どの知の領域においても同様の言説として機能し存在していた。その言語が細分化され、領域化され、客体化されることで人間諸科学が成立し、そして再びそれらの言語が参集し、言語の存在が問題とされるようになることこそ、人間の終焉であった。言語はまさにキュニコス派の生と同じように、自らが属するその圏域(つまり人間諸科学)の外へ出て、あるいはその外へ出るぎりぎりの所で、自らの存在をきらめかせることによって、その圏域の存在を揺るがすのである。

現代社会の中で、ではどうすれば「別の生」を生きることができるのか。フーコーが私たちに残した課題は、きわめて重大である。フーコーは「他であること」を単にそれだけのこととして思考していたのではない。あくまで「真実」の問題とつなげていたことを忘れてはならない。「真実は同じものではない」ということは、真実は動きの中にあるということだ。「外」へ出ること、今生きているこの生の外にある真実とは何か。第10章さらに終章で考えたい。

第9章　内在（ドゥルーズ）

私が敬愛する三人の思想家、フーコー、バルト、ドゥルーズの死に方は三者三様であった。フーコーはエイズという病に倒れ、バルトは交通事故、ドゥルーズは自殺であった。しかし私はこの三人の死に奇妙な共通点があるように感じている。三人ともが、なぜか言うべきことを語ってから死の世界へと旅立ったように思えてならないのである。フーコーは古代ギリシア・ローマにおける自己への配慮や真実の語りを長く探究した後、キュニコス派のディオゲネスと出会い、「別の生」までたどり着いた。バルトは「中立的なもの」を語ったのち、小説を書くという「新たな生」へと至った。もちろんフーコーの「別の生」がはたして実際にはどのようなものか、バルトの小説がいつか完成したとすればそれはどんなものだったか、という疑問は残る。しかし、それらの問いは彼らにとってはもはやそれほどの意味を持っていなかったように私には思える。では、ドゥルーズはどうだろう。先の二人とは少し違う。アガンベンが指摘する通り（「絶対的内在」『思考の潜勢力』所収）、ドゥルーズが最後に語ったことは「内在」、いやむしろ「内在：あるひとつの生…」であった。そして、この『内在』という概念より先に、もう問いはない。「内在」はまさに終着点のような概念である。なぜそうなのか、それをこれから考えてみたい。

存在の一義性、此性、出来事

Immanence、「内在」はフランス語ではこう書く。まさに「中に（im）」「留まる（manere）」である。この言葉がなぜ哲学的に重要なのか。その理由を理解するには、まず神のことを考えてみなくてはならないと私は思う。もちろんただぼんやりとではない。キリスト教を信じる知性が、普遍と個の関係や、存在について思考する時に、神の問題がどのように現れるかを再体験する必要があるということである。中世神学、より正確にはまず一二・一三世紀の神学者たちの議論を参照しなければならないだろう。私はドゥンス・スコトゥスの『存在の一義性』、そして個人的にも知己を得た、おそらく日本で最高のスコトゥス研究者山内志朗の『存在の一義性を求めて』などをじっくりと読んでみた。アウグスティヌスやトマス・アクィナスなども読んだ。そんな中で素人ながらに私が考えたことは、神学論争や異端裁判などの歴史において最も重要な問いの一つは、「なぜ人間は神のことを考えられるのか」ということではないかということである。つまり、どうして「神」という概念が私の「中にある」ことが可能なのかという問いである。

アウグスティヌスは『告白』の中で、師アンブロシウスが黙読を実践していたことを伝えているが、彼自身はとりたててそこに深い意味合いを見出してはいない。しかし、その『告白』という書物にアウグスティヌスが書き付けていることは、彼の内なる声であり、内なる思考である。黙読という行為は、すでに古代ギリシアから存在していたようだが、そこに一つの思想的な意味を発見したのは、特にアウグスティヌスをはじめとする初期の教父たちではなかろうか。神は、無限であり、永遠であり、完全であるのに対し、被造物は有限であり、束の間の存在であり、不完全である。神と人間の間には大きな断絶がある。その断絶の大きさは、私たち日本人には想像もできないくらい大きい。絶対的断絶と言ってもよいだろう。神はまさに「超越的存在」である。したがって前の段落の最後の文はこう書き換えることができるだろう。どうして超越的なものが超越的でないものの「中にある」ことが可能なのか。声を出さずに神について書かれた文を読む時、その人は「神」という言葉を何らかの意味で理解しているはずだ。黙読は、神について、無限について、永遠について、そして完璧について思考する可能性の証しである。言葉の意味が人の内部で生み出されている感覚は、声を出している時より出していない時の方が大きい。黙読とともに人は自分自身の「内なる思考」へと入っていく。そしてそこで神との対話が始まる。中世哲学研究者山田晶は、アウグスティヌスにとっての根本的な課題を、まさに「内なる超越」と定義している（『告白』三一ページ）。京都大学文学部の学生の頃、私は山田氏の講義を毎週楽しみにしていた。同時期同じ建物では、辻村公一氏による超絶的な緊張を強いるハイデガー講義が行われており、私も学部生ながらそれに参加したことを覚えている。どこから質問が飛んでくるのか予測もできない。『存在と時間』（辻村氏は『有と時』と訳していた）の一文一語の意味を突然ヘーゲルやカントに照応させて解釈せよと求められるのである。前方の席に座っている大学院生たちの緊張が、私たち学部生にもひしひしと伝わってきた。一方、山田氏の授業はまったく異なっていた。準備されてきたノートを山田氏が読まれると、学生はひたすらそれを書き取るだけである。ドイツの大学の授業はかつてそういう風に行われていたらしいが、私にとって山田氏の授業はなぜか辻村氏の授業に負けないくらい面白かった。その当時はパウロの話をされていたことを覚えている。結婚の話がなぜ神学的に重要なのか当時の私には十分には分からなかったが、ただひたすら私は先生の発せられる言葉を書き取っていた。神とは、キリスト教において単なる信仰の対象ではない。神は世俗の法を定めるものでもあるということを、先生の言葉を聞きながら私はおぼろげながらに理解した。

話を戻そう。先に挙げた「内なる超越」は神学的にはきわめて微妙な問題を生じさせる。私たちが自分たちの力で、「自然的な認識で」神のことを理解できるとなると、まず第一に神と私たち人間との間の差が縮まってしまう。両者を分け隔てる深い断絶がなくなってしまう。さらに言えば、神と人間の間の仲介としての教会の立場も危うくなる。キリスト教の神髄には神の絶対的な超越性がある。ここを曖昧にする要素はすべて異端とされることになる。悪が神と対立する超越的な存在であると考えることもそうである。しかし神の存在の仕方が私たちの存在の仕方と違っているとすれば、たとえ奇跡によって神が現れたとしても、私たちには神の存在を理解することはできないだろう。「ある」ということは神においても、私たちにおいても同一のはずである。今から考えれば、あたりまえのように思われることも、中世においてはそう簡単に口にはできなかったはずだ。神においても私たちにおいても、存在は同じ意味つまり「一義」であると主張することは、危険思想つまり異端と見なされかねなかった。ところが知性に正直であろうとするならば、存在の一義性は避けて通れない。類比によって知るという説（アナロギア）は、トマス・アクィナスがしたようにどれだけ精妙に組み立てられていても、ごまかしにすぎないように思えてしまう。こうしたことに大いに苦悩したのが、スコトゥスであった。先に挙げた『存在の一義性を求めて』には、その間の事情が詳しく語られている。

個と普遍の問題も、神を絶対的超越とする立場と個が個であることの間にどういう関係がありうるか、より正確に言えば、どういう関係なら教義上許せるのかという問題であった。一三世紀からさらに遡って、四世紀から六世紀の間のキリスト教教義上の論争を、坂口ふみは『〈個〉の誕生――キリスト教教理をつくった人びと』の中で詳細に描いている。キリストとは何者か、何かという問い、言い換えれば、神と子と精霊の関係はいかなるものかという問いが中心にあったはずだが、面白いのは特に四世紀頃にはキリストが歴史的・客観的に一人の人間として存在した記憶がまだ生き生きと残っていたという指摘だ。人であるキリストが実際にそこにいたという感覚、それを持ちながら、同時にどのようにしてその人が神でもあると考えられるのか。当時の宗教家たちが手元に持っていた思考のための道具は、ギリシア由来のピュシス、ウーシア、ヒュポスタシス、そしてペルソナといった概念であった。しかし西方や東方、様々な伝統の中から宗教会議に集まってくる人々の間に共通の明確な定義などありようがなかった。そうしてようやく一つの解決策が浮かび上がってくる。ピュシス（本性）とヒュポスタシス（基体）とを区別し、前者は後者にエンヒュポスタトン（担われる、その内にある）するという説である。これによって、生身の個人（ペルソナ）としてのキリスト（ヒュポスタシス）とその中にある神としての本性とが、つまり「全く人」と「全く神」とが一致しつつ差異化される。それがヒュポスタシス＝ペルソナということである。実際には、各派の解釈は微妙に異なり、ことはそうすんなりと解決したわけではない。坂口はそれを、見事に一つも見逃さずに丁寧に記述している。驚くべき謙虚さと大胆さである。しかし私が愕然としたのは、坂口の筆で次のような文章が書かれる時である。

さらに、もっとも付帯的な付帯性、具体的な生の断片と細片が、私たちにとってどれだけ本質的であるかを、私たちは日々知ってはいないだろうか？　ふとした眼ざし、声の抑揚、笑い方が、稲妻のように私たちの心に触れる。それらが、出来事や人の核心を、どのように瞬間的に照らし出すかを私たちは知っている。（『〈個〉の誕生』二六七ページ）

これは「此性」のことではないのか、と私は思った。山内もスコトゥスの「此性」（山内は「このもの性」と訳している）について、「個体のかけがえのなさを概念化しようとしているはず」（『存在の一義性を求めて』一一四ページ）だと述べている――ただし山内は、スコトゥスのこの概念が簡単には整理できない複雑さを持っていることを繰り返し強調している。普遍はどこまで分割していっても個にはならない。両者の間に何らかの関係は存在しえない。個は個として、何ものとも取り替えがたいものである。しかも個と普遍は同じ時に、同じ場所に存在している。先に、人間と神との間の断絶を乗り越える概念としてヒュポスタシスが機能したのと同じように、「此性」もまた個と普遍の断絶を乗り越える働きをしている。ドゥルーズは、『千のプラトー』の中で次のように言っている。

人称や主体、あるいは事物や実体の個体化とはまったく違った個体化の様態がある。われわれはこれを指して〈此性〉heccéité と呼ぶことにする。ある季節、ある冬、ある夏、ある時刻、ある日付などは、事物や主体がもつ個体性とは違った、しかしそれなりに完全な、何一つ欠けるところのない個体性をそなえている。（『千のプラトー』中、二〇八ページ）

文中何度も繰り返される「ある」は、原文のフランス語では不定冠詞の un（男性単数）や une（女性単数）である。そういう「ある時刻」が「此性」であるとはどういうことなのか。ある日のある時刻に私が道を歩いている。私は山を見る。なだらかな曲線の向こうに夕暮れの雲が紅く染まっている。その時私が、例えば、「ああ、このまま続ければ良いのだな」と思ったとしよう。時刻、道、山、夕焼け、私の感情、これらすべてが「此性」なのである。「此性」は、私も風景もすべてを連動させながら、巨大なアジャンスマンが巨大な動きの中で、ある瞬間にとる態勢のことである。もちろんここで私は「此性」をドゥルーズ的に理解している——山内氏からは「だいぶずれてますよ」と叱責を受けることになるだろう。ある一つの「個」の時間、「個」の場所で、私という「個」がある一つの「個」としての感情を持つ。そこに同時に「夕暮れ性」なる普遍的なものが去来する。第1章で、「馬性」については第9章で語ると言っておいたが、おそらく今がその時だろう。今、目の前に一匹の馬がいるとしよう。ここに今いる一匹の馬に「馬性」が宿っており、その「馬性」は「今ここ」以外にはない。いや、さらに言えば、今ここにいる馬以外の何ものでもない。「馬性は、馬性であって、馬性以外の何ものでもなく、一でも多でもない」というアヴィセンナ（イブン・スィーナー）の格率を私はこのように理解している。「馬性」が個体と普遍との関係を一瞬にして可能にする概念だとすれば、「此性」は、少なくともドゥルーズにおいては、同じ問題を、ある時間にある場所において現前している世界全体のある一つの態勢と普遍とを同一の平面において見る概念であろう。言い換えれば、「馬性」も「此性」も、普遍が、そして超越的なものが、「個」にいかにして内在するかを説明する概念なのである。もう一度『千のプラトー』から引用しておこう。

たとえば狼自体が、あるいは馬や子供が、主体であることをやめて〈事件〉となり、ある時刻、ある季節、ある雰囲気、ある空気、ある人生などから切り離せないさまざまなアレンジメントに組み込まれていく。街路が馬と組み合わさるかと思えば、断末魔に喘ぐねずみは空気と組み合わされ、狼と満月が結びつく。（同書、二一二ページ）

ここで「事件」はフランス語では des événements（出来事）であり、「ある人生」は une vie である。個体化の問題系において、ドゥルーズがどれほど前述のシモンドンから影響を受けたかを明確に語ることは私にはできない。ただ少なくとも、「個体から出発して個体化を認識するのではなく、個体化から個体を認識する」こと、そして「個体化はたんに個体を生み出すのではなく、個体と環境を一対のものとして生み出す」（宇佐美達朗『シモンドン哲学研究』三〇ページ）と考える点は共通しているように思える。ドゥルーズにおいて「個」は常にその近傍、周辺そして地平線の彼方まで広がる広大な世界と結びついて現れる。「出来事」については第1章ですでに述べた。先の引用で「主体であることをやめて〈事件〉となり」とあるのは、まさに生成変化のことである。生成変化は、主体が主体でなくなることであると同時に、個に普遍が到来することでもある。プリセツカヤと「白鳥性」、勅使川原と「強度」。どうやら私たちには、やっとドゥルーズの頭脳を構成するアジャンスマンが見えてきたようだ。たしかにドゥルーズにおいて、すべての概念はすべての概念とつながっている。そして、ドゥルーズが最後につなげたのは、「内在」と「ひとつの生」であった。

「内在：ひとつの生…」

今私は「つなげた」と言ったが、正確にはドゥルーズはコロン（：）を間において「内在」と「ひとつの生」とを並置し、さらに「ひとつの生」のあとに宙づり符（…）を置いている。先に挙げた論文「絶対的内在」の中で、アガンベンはこの点をきわめて慎重に分析し、とりわけコロンの果たす機能についてこう述べている。

コロンが表しているのは内在の内在自体への転位である。それは何らかの他なるものへの開かれであるが、その他なるものは絶対的に内在的なものにとどまる。（『思考の潜勢力』四六五ページ）

ドゥルーズ自身の次の文は、このことを念頭に置きながら読まなければならないだろう。

純粋な内在とは、ひとつの生、それ以外のなにものでもないといえよう。純粋な内在は生への内在ではなく、何のなかにあるわけでもない内在的なものが、それ自体ひとつの生となる。ひとつの生は、内在の内在、絶対的な内在。それはまったき力、まったき至福。（« L'Immanence : une vie », in *Deux régimes de fous*, p. 360、「内在：ひとつの生…」『ドゥルーズ・コレクション』I所収、一六〇ページ。タイトルも含め、部分的に改訳）

「〜以外のなにものでもない」――ここで私は「馬性は、馬性以外のなにものでもない」という「馬性」の格率を思い出してしまう。そこにおいては、個と普遍がともに「ある」。しかも差異化されながら。ただし注意して読んでみよう。「内在は内在以外のなにものでもない」とドゥルーズは書いていない。「内在はひとつの生以外のなにものでもない」と彼は書いている。コロンによって分け隔てられた「内在」と「ひとつの生」は、差異化されつつ、同時に同じ場所に「ある」。コロンを通過して、コロンの右側へ移動する時、内在は「他なるもの」になると同時に「絶対的に内在的なものにとどまる」。これは単に撞着語法をもてあそんでいるのではなく、ヨーロッパにおいて二千年近くをかけて築き上げられてきた思考の形である。「内なる超越」、「ピュシスとヒュポスタシス」、「馬性」そして「此性」といった概念の歴史を引き受けながら、ついにドゥルーズは「内在：ひとつの生」と書いた――そうした歴史の中に「超越論的経験論」（同書、一五八ページ）というドゥルーズ自身の言葉も書き込まれることになるだろうが、言葉としてはあまりにも散文的である。やはり「内在：ひとつの生」である。そしてそのあとに続く宙づり符は、いましがた引用した文の最後、つまり「まったき力、まったき至福」というさらなる展開を示唆しているに違いない。「力」は、原文ではforceではなくpuissanceである。権力とは力と力の関係であると言う時に使われるforceではなく、puissanceは「潜勢力」であり「生成の力」である。それが「まったき（complète）」だと言うのである。「内在」はあらゆるものに「なる」ことができるのであり、そしてそれがまた「まったき至福」だと言う。アガンベンはここでも精密な解釈を付け加えている。「自己自身における安らぎ（acquiescentia in se ipse）」という、アガンベンによればおそらくヘブライ語（ないし自身の母語であるラディーノ語）からわざわざ再帰動詞形を借りて、最高次の至福を名付けるためにスピノザが作った表現こそが、ドゥルーズの言う「まったき至福」が指すものだと言うのである（『思考の潜勢力』四九三〜四九四ページ）。内在の先にもはや問いはない、と初めに書いたのはこのことである。いや、ただこの章を終える前にもう一つ問いを解いておかなければならないだろう。「ひとつの生」とはいったい何なのか。

ひとつの生

この問いに答えるためにドゥルーズが引用するのは、ディケンズの『我らが共通の友』の第三部第三章「生き返ったライダーフッド」で語られる、一人の悪党についてのエピソードである。皆から嫌われるこの悪党ライダーフッドが溺死しかけて運ばれてくる。小舟に乗っていた彼は蒸気船の前を横切ろうとして衝突し、河に投げ出されてしまったのである。人々が介抱するうちにこの男の最後の命とも言うべき何かが立ち現れ、人々はなにか愛情や尊敬といったようなものを感じ、涙を流す者さえいる。ディケンズの筆は天才的である。「ぐにゃりとした肉塊」、「抜け殻のような体」にまだ「厳粛な」命の火花があることを巧みに描く。ドゥルーズは指摘していないが、ディケンズはライダーフッドの娘まで登場させ、ライダーフッドの「個」を印象づけている。しかし介抱のかいあって悪党が生き返ると、人々は再びよそよそしくなり、悪党は悪党に戻る。「父ちゃんの心はまったく別のものになってる」かもしれないという娘の淡い幻想は破られる。この男の個体としての生がまさに消えようとしたその瞬間に「あるひとつの生」が立ち現れ、人々はそれを畏敬した。その「あるひとつの生」こそ「内在」である。すべての被造物に内在し、そのものに存在という命を与え、そのものに「なり」、しかしそのものではないままに留まる。そんなものが目の前に現れれば、私たちはそれを畏敬し、愛するだろう。

しかし今この男の中に残っているかすかな生命《いのち》の火は、いま奇妙にも本人と切り離して考えられ、みんなはそれに深い関心を覚えている。おそらくは、その火がほかならぬ生命《いのち》そのものであり、そして彼らはいま現に生きていて、やがては死ぬ運命にあるからだ。（『我らが共通の友』中、三二九ページ）

周りにいる人々すべてに共通の生が、この悪党という個の死に際に現れ出る。une vie というフランス語は、ドゥルーズの邦訳では「ある人生」、「ある生」や「ひとつの生」と様々に訳されている。そのどれもが間違いではないし、また正解でもない。ドゥルーズが une vie と言う時、それは、主体であるにせよ客体であるにせよ、ある実体に存在を与えるために舞い降りた「内在」が、自らを否定しつつ、その実体のうちに受肉し、しかも自らの普遍性、超越性をあくまでも維持しているという状況を指し示している。「内在」が「あるひとつの生であり、そのもの以外のなにものでもない」ということは、それほどまでに悲劇的で荘厳な受難を指して言われているのである。

ひとつの生が収めるのは潜在的なものだけだ。ひとつの生は、潜在性、特異性、出来事からなる。
（「内在：ひとつの生…」『ドゥルーズ・コレクション』I、一六三ページ）

そして、この潜在性、特異性、出来事が一つの生と関わる平面が「内在平面（plan d'immanence）」である。ドゥルーズにおける「平面」の意味についてはすでに序章で述べた。それはカオスに作られる切り口であり、視点もしくは視野である。この平面の上で、潜在性が現にそこにあるものとして生成し、出来事が生じる。一つの生は非人称の生であるが、同時に特異性を保っている。『哲学とは何か』の中でドゥルーズは、内在についての錯覚をいくつも挙げている。内在の中に超越を再発見する「超越の錯覚」、概念と内在平面を混同する「普遍の錯覚」、概念が創造されるべきものだと言うことを忘れる「永遠なるものの錯覚」、等（『哲学とは何か』八九ページ）。内在平面は、超越や普遍や永遠を、個であり束の間であるものの中に存在させるものである。決して超越や普遍や永遠そのものでもないし、ましてやそれらに内包されるものではない。そしてこうした錯覚から最も自由だった人こそ、ドゥルーズが常に最大限の賛辞とともに語るスピノザである。

「最善」の、すなわちもっとも純粋な内在平面、超越的なものに身をまかせることはなく、超越的なものを回復することもない内在平面、錯覚を、悪感情を、知覚錯誤を鼓舞することのもっとも少ない内在平面、これを、スピノザが示し、打ち立て、思考したのである……。（同書、一〇七ページ）

『哲学とは何か』の内在平面についての章は、このようにここでも宙づり符がつけられて終わっている。おそらく「ひとつの生」が意味するものは、スピノザにおける「コナトゥス」に近いのかもしれない。そして宙づり符は、スピノザとともに「至福」へと至るドゥルーズ自身の生であるように私には思える。ドゥルーズは一九六八年に出版された『スピノザと表現の問題』の時点ですでに「内在」の重要性を主張していた。

存在するあらゆる本質は、それらが存在するところの属性によって表現されるが、しかしそれは他のものの本質として、言い換えるならば、あらゆる属性に同一のものの本質として表現される。（『スピノザと表現の問題』三二ページ）

「他のもの」そして「あらゆる属性に同一のもの」とは、「神」のことである。したがって上の引用が述べていることは次のように言い換えられるだろう。

あらゆる結果は神のうちにあり、神のうちにとどまるのである。またそれゆえに、神自身はその結果のおのおのに現在しているのである。（同書、一九〇ページ）

「内なる超越」の問題が「内在」という概念によって見事に解決されていることが分かる。潜在的なものは現働的なものそのものではないが、それへと向かうものである。内在は潜在的なものを内在させ、潜在的なものは内在を潜在化させる、とドゥルーズは言う（「内在：ひとつの生…」『ドゥルーズ・コレクション』I、一六三ページ）。内在という概念からすれば、今ここにあるものは、事物も人間も、そうであるはずだったもの、さらに言えば、すでにそうだったものである。内在を真に理解した時、私たちは、超越的なものや超越論的なものの呪縛から逃れ、そしてまた、ヘーゲル以来ハイデガーからラカンに至るまであれほど哲学者たちに取り憑いていた「否定」からも解放される。ドゥルーズは本当の意味での「肯定の哲学」に到達していたようである。

最後にもう一つ、ドゥルーズのスピノザ論から引用しておこう。

われわれが死ぬとき何が起こるのか。死とは引き算、削除である。われわれはある関係のもとでわれわれに属していたあらゆる外延的諸部分を失う。われわれの精神が失うものは、それが外延的諸部分を伴う身体自身の存在を表現するかぎりにおいてのみ、精神が所有していたあらゆる能力である。しかしこれらの諸部分や能力はわれわれの本質には属していたけれども、その本質を構成していなかった。つまり、われわれの存在を構成していた諸部分を延長においてわれわれが失うとき、われわれの本質は本質であるかぎり、その完全性から何ものも失うことがない。

（『スピノザと表現の問題』三三三ページ）

「至福」と題された章の中にある言葉である。

第10章　残りの時（アガンベン）

本書の最後で扱う概念はもともとドゥルーズの「内在」になるはずだった。しかし最終的には、ジョルジョ・アガンベンというイタリアの思想家を最後に持ってくることになった。理由はいくつかある。気がついてみれば、彼だけがいまだに存命である。フーコーもドゥルーズも、バルトもラカンもガタリも、もはや私たちと同じこの今という時間の中には生きていない――もちろん彼らが残してくれた諸概念は、今も私にとって、そしておそらくこの現代に生きる多くの人々にとって大きな意味を持っているのだが。しかし最大の理由は、人間にとって今この現在において最も重要なことは何かという問いを思考することをアガンベンこそが可能にしてくれたからである――本書の末尾では、アガンベンに導かれて、そして本書で扱ったその他の思想家たちに導かれて私自身がたどりついた「宇宙の中の人間が生きるべき生」について語ろうと思う。それは私にとって、「今まで生き延びている人間」「残ったものとしての現代の私たち」が生きるべき「別の生」である。

さて、アガンベンについては、私は少々言い訳じみたことをまず言っておかねばならない。私は彼に直接会ったことはない。そして何よりも私は彼の文章を原文で読んだことがない。フランス語を主な外国語としている私は、イタリア語についてはごくわずかな知識しか持ち合わせていない。とうてい彼の「文体」を感じ取ることなどできないし、日本語訳の文章がどの程度彼の「文体」を再現しているのかも判断できない——例えば序章で述べたように、フーコーの文体を翻訳が再現しているかどうかは判定できる。もちろん、公開されている映像によって、アガンベンの声を聞き、アガンベンの話を聞くことはできる。フランス語による講義の映像もある。ただ私にとって、イタリア人の話すフランス語を聞くことはかなりの苦痛を伴う経験であると白状しておこう。私はこれまでほぼ四〇年ほどにわたって、フランス人のように音を発し、フランス人のように話し、フランス人のように書くことをよしとして生きてきた。その私にとって、フランス人のように話すことなど全く意にかけないイタリア人が話すフランス語が聞こえてくると、私の中の何らかのメカニズムが音をシャットアウトしてしまう。いやなことをさせられると嘔吐する子どもと同じように、典型的な身体的反応が出て、吐きそうになるのである。イタリア人にとってフランス語は、隣りの国の言葉であるだけでなく、同じラテン語から派生した言語であり、しかもラテン語との類縁性から言えば、自分たちの言語の方が上の立場にある。彼らにとってはフランス人のように話すことはあまり価値のないことなのだろう。たいていのイタリア人は何のてらいもなく、イタリア語のような発音でフランス語を話す。そのことがなんとも私には耐えがたいのである。言語とはあまりに身体的なものであるとその時私は実感する。というわけで、アガンベンのフランス語による講義を聴こうとしても、私は五分と持たない。

ではやはり本書でアガンベンを扱うことには無理があるのだろうか。いやそうではない。私は、翻訳を通じて彼の著作を数多く読むうちに、ある時から彼の身体的存在に触れることができたと感じている。それはいわゆる「文体」ではない、もちろん「声」でもない。私が強烈に感じ取っているのは彼の「思考のスタイル」である。アガンベンは古代と直につながっている。『残りの時』のように、直接古代の人物が残した言葉を分析している時もそうだが、それだけではない。思考のあらゆる重要ポイントで、ヘブライであれギリシアやローマであれ、ユダヤ人でありイタリア人であるアガンベンは、古代人の思考を参照し、そこから自分の思考を出発させている。「潜勢力」という概念もそうだし、そもそも彼を一躍有名にした「ホモ・サケル」という概念もそうである。ドゥルーズもフーコーも、そしてデリダでさえ、そんな思考の道筋は取っていない。おそらくフランス人にとって、例えばデカルトやパスカルは同じ地面の上を遡っていったところにいる人たち、つまり自分の祖先という感覚があるだろう。しかしアウグスティヌスやさらにプラトンとなるとどうか。多くのフランス人にとって古代の人々はきっと全く違う土地にいた人々なのであり、そこには一つの断絶がある。ところがイタリア人にとって、古代人はそのまま地続きのところに生きた人たちである——私の知る南フランス出身のフランス人にも古代人とのそんな地続きの感触があった。アガンベンは、常に古代へ遡り、また現代へと戻ってくる。そしてその間に中世の神学者たちがいる。そうしたヨーロッパの知の歴史をアガンベンほど自由に、地続きの土地を往復するかのように、歩き回れる思想家は他にいない。これアガンベンにとって古代や中世は自分の身体が立っているイタリアの地と地続きの場所にある。これが彼の「思考のスタイル」であり、彼の「身体」である。私はこのことに気づいた時、はっと目が覚めるような感覚を持った。これでアガンベンを理解できると。

別の所から考えてみよう。ハイデガーの言葉を直接聞いたアガンベンは、ハイデガーからその「思考のスタイル」を引き継いだとも言えそうだ。もちろん二〇世紀後半の思想家は、ほとんどすべてハイデガーの影響を受けていることは言うまでもない。ハイデガーを車に乗せて超高速で走ったという逸話を持つラカンだけではない。フーコーしかり、デリダしかり、あまり表面にそんなことは見せないドゥルーズにおいてもハイデガーの影は見える。ただフランスの思想家たちはハイデガーの思想から何かしらの影響を受けたとしても、ハイデガーから「思考のスタイル」までは受け取っていないように私には思える。古代ギリシアへ戻ること。これが哲学の最も正統な道行きであるというハイデガーの確信を素直に受け止めたフランスの哲学者はほとんどいない——おそらくアンリ・マルディネだけがその例外だっただろう。なぜ古代に戻らなければならないのか、とりわけなぜ古代ギリシアに戻らなければならないのか。そこにおいて、人類の歴史上初めて「存在」が現れたからである、とハイデガーなら言うだろう。

「ものがそこにあるということなど、もっと昔から人類は意識にあったのではないですか」と言う人もいるだろう。そう、その通りである。しかし「存在する」ということはどういうことなのか。「存在しない」と「存在する」とはどう違うのか。このようなことは、「ここにあったものが今はない」ということを本当に感じ取り、本当に悲しむことができなければ、分からないことだろう。しかし、驚くべきことに、そんな感覚を表現できる文法を持った言語はそう多くはない。そしてそれがギリシア語の「アオリスト」という時制なのである。私は言語学者ではないが、アオリストだけが「本当の過去である」と言って、おそらく間違いはないだろう。フランス語にはもはやアオリストはないが、まだ単純過去という時制がかろうじて残っている。例えば「僕たちは友達だった」という日本語をフランス語にしてみよう。まず複合過去形がある――On a été amis は、友達だったよな（そして今も友達である、あるいはずいぶん会わなかったが今も親近感がある）、と懐かしむような表現である。半過去 On était amis と言うと、なにか今はもう友達ではないような感じがある。ところが On fut amis と単純過去で言うと、もうすべては過去の話になる。今はどうでもよい。「僕たちは友達だった（友達になった）」という事実が、様々な状況や様々な思い出とともに一挙に過去のこととして想起される。いや、想起でさえない。現在とはもう何の関係もない過去の話ということになる。ギリシア人だけではない。おそらくインド＝ヨーロッパ祖語を話していた人々においてもこうした感覚は言語化されていたのだろう――もちろん私たちも、今述べたような説明ができるのだからそうした感覚は持っているのだが、言語としてそんな構造は持っていない。そしてただギリシア人だけが、彼らの言語の構造が持つ意味を思考できた。「ある」とは何なのか。「もはやない」とは何なのか。言語は存在をどう表し、存在とどうつながっているのか。これが哲学の始まりにあった問いである。ハイデガーにとって、哲学とは古代ギリシアへ戻り、そこから再び歩き始める道行きであったが、その「思考のスタイル」をアガンベンは継承しているのである。ただアガンベンはそこに留まらない。哲学の起源にある古代ギリシア人の経験に並び立つ、もう一つの知の起源がある。「絶対」ということを思考できたヘブライ人たちである。アガンベンはそのヘブライの伝統と、そしてまたギリシア人とヘブライ人の経験をある意味で継承しさらに深化させたとも言える中世の神学者たちにもつながっている。私にとって、アガンベンはこうしたヨーロッパの知の大きな歴史に直につながっている唯一の現存の思想家なのである。

言い訳はこれぐらいにして、アガンベンの思想について語ろう。

アガンベンの思想——言語と存在

アガンベンはいつ頃から注目され出したのだろう。おそらく『ホモ・サケル』が出版された一九九五年ぐらいからだろう。それはドゥルーズが亡くなった年でもある。一九八〇年代にすでにラカン、フーコーがいなくなり、そして一九九〇年代の半ばとうとうドゥルーズが死ぬ。光輝くきら星のような思想家を何人も輩出していたフランス思想の栄光の時代もついに終焉を迎えようとしていた。そんな時、彼らの後を継ぐようにアガンベンは精力的な仕事を展開し始めた。当時こんな風に感じたのは私だけではないだろう。一九九六年にドゥルーズに捧げて彼が書いた「絶対的内在」という文章を前章で取り上げたが、その文章はまさにドゥルーズとフーコーがそれぞれ最後に書いた文章を比較することから始まっていた。しかし実際には、彼の「思考のスタイル」はもう少し以前から、驚くべき成果を産み出していた。『幼児期と歴史』（一九七八年）と『言葉と死』（一九八二年）である。

まず前者について見てみよう。「幼児期」と標題で訳されているイタリア語 infanzia を、訳者の上村忠男氏も断っている通り、アガンベンは「言語を未だ話していない状態」（以下「インファンツィア」と記す）という意味で使っている。もちろんこの著作の主題は言語であるが、本当の主題は「経験」、あるいはむしろ、アガンベンにとってハイデガーと同じくらいに重要な思想家ベンヤミンが指摘した「経験の貧困」、さらに「経験の破壊」と言語との関係である。「兵士たちは押し黙ったまま……、伝達可能な経験が……いっそう乏しくなって帰還してきた」というベンヤミンの言葉を引用しながら、アガンベンは「現代人は、ちょうどみずからの伝記を奪われてしまっているように、みずからの経験を剝奪されてしまっている」（『幼児期と歴史』一九ページ）と指摘する。ベンヤミンの言葉の背景にある戦争は第一次世界大戦だったはずだが、この問題はやがて第二次世界大戦において、ナチスによる強制収容所とその中での「回教徒たち（der Muselmann）」と呼ばれた人々の「語るものがない」状況へとつながる。『アウシュヴィッツの残りのもの』で問われる問題がすでにインファンツィアとして問題化されているのである。

しかし「語るべき経験」が貧困化するとしても、その外に「語れない経験」があり続けるのではないか。経験と言語は完全に一致しているわけではない。経験の外側にある言語があるように言語の外にある経験もあろう。前者が――と、ここでアガンベンはカントを参照する――超越論的領野である。そして後者は何なのか。この論考でのアガンベンは、いささか興奮状態にある人のように、論理のつながりを越えて、様々な参照項を飛び回っている。古代・中世の秘教や夢の経験から、さらにデカルト、サド、ボードレール、プルーストと進んだかと思うと、再びトルバドゥールへ戻り、さらにアラブの神秘家へと飛び跳ねる。私に理解できたのは、次のようなことだけである。「言語の外にある経験」と言ったが、事態はそう単純ではない。経験があるためには言語、あるいはもっと正確に言うならば「言語を使うことができる能力」、が必要である。そしてその能力を持つ者がいまだその能力を使っていない状態が「インファンツィア」と呼ばれている——まさに後年アガンベンがアリストテレスから借りてくる「潜勢態」に対応するものだろう。この「インファンツィア」は、言語の外にあるはずの経験を「人間の経験」として人間の領域へと引き込む。「インファンツィア」こそが経験を物語＝歴史へと変える起源にあるのである。

では『言葉と死』の方はどうだろう。この八日にわたるセミネールをもとにした著作でアガンベンはだいぶ落ち着いている。飛翔の度合いは相変わらず凄まじいが、一本の線が貫いている。しかも「ダーザイン（現存在）」というハイデガー哲学の鍵概念に真正面から取り組んでいる。いや、真正面というのは少し違うかもしれない。初日には「ダーザイン」を主題とすると宣言しながら、二日目にはヘーゲルの『精神現象学』（における「このもの」）へとテーマは移動し、さらにアリストテレスにおける「このもの」へと遡り、その後中世の神学者へと再び移動する。「ダーザイン」の「ダー」を徹底して、ヨーロッパの知の長い歴史のただ中に放り込んでいるのである。「ダーザイン」は「そこにあること」ではない。「そこであること」だとアガンベンは確認する。もちろんこれはアガンベンの創見ではない。ハイデガー自身が述べていることである（『言葉と死』二四ページ）。しかしそこからアガンベンは、「指示作用」という言語学的問題へと向かう。「言葉が何かを指し示す」とはどういうことなのか。ところがこの著作の副題には「指示作用」のことなど全く出てこない。「否定性の場所にかんするゼミナール」が副題である。もうお分かりだろう。ある言葉が何かを指し示すことにこそ、人間にとって根本的な「否定性」が存在するとアガンベンは見抜いているのである。よく読んでみれば、この著作のテーマはダーザインなのだろうが、実のところ、アガンベンの思考の出発点はむしろヘーゲルだと言って良いだろう。二日目の冒頭で長々と引用される若きヘーゲルが書いた詩『エレウシス』の中にある「言葉の貧しさ」「言い表しようのない」「干からびた標」といった表現こそが、アガンベンを導いていく。「わたしたちは言いたいと思っていることを言っていない」、このことは「あらゆるマイヌング（Meinung）につねにすでに内属している否定性を経験する」ことである（同書、四三ページ）。

しかし言語はどのように現実とつながっているのだろうか。あるいはむしろ、言語はどのように現実とつながることができないのだろうか。ここでアガンベンは驚くべき飛躍をする。「声」という問題へと飛び移るのである。するとどうだろう。またしてもめくるめくような参照項が次から次へと出てくる。初めて黙読の声、内なる声を聞いた――アガンベンが取り上げるのはそのことではなく「死語」、つまり今やもう使われなくなった言葉についてであるが――アウグスティヌスはもちろんだが、ガウニロ、ロスケリノスといった中世の神学者たちが登場し、デリダまでもが言及される。とりわけガウニロの「音声のみのうちに住まわっている思考」とロスケリノスの「音声の吹きかける息」という概念をここに持ち出してくるところで、私はすでにある種の感動を覚える。中世の人たちが、よくもここまで言語について、あるいは言語と人間の思考について、深い考察をしていたものだと。キリスト教神学の伝統は実に驚くべき人物たちを産み出している――中世研究者たちを私は本当にうらやましく思っている。彼らについてアガンベンが導く結論を引用しておこう。

〈在ること〉は、言語活動の生起の開示として、「スピーリトゥス（spiritus〔気息、霊、精神〕）」として、音声のうちに存在している（esse in voce）のである。（同書、九二ページ）

ではどう存在しているのか。それは「否定性」としてである。先にも見たように、「指し示す」ということが言語活動にとっては「否定性」の場所であった。声こそが「指し示す」。声なくして私たちは「これ」と言えない、考えられない。ここからは私がどのようにアガンベンの『言葉と死』を理解したかである――アガンベンはこんなにゆっくりと説明はしない。フランス語の指示形容詞 ce（女性形は cette）について、私はよくフランス語の授業でこんな説明をする。

この言葉は「この」でも「あの」でもありうるのですが、フランス人は指さしながら ce という言うのです。英語なら this と that と区別できるのですが、どっちだろうとフランス人はいっこうに困らない。この言葉を使う状況にある時には必ず目の前に何かがあり、それをフランス人は指さしながら ce（cette）と言うからです。

おそらくイタリア人にとってもそうだろう。ラテン系民族にとって、「手は口以上にものを言う」。そこにものがある時、「この（this）」でも「あの（that）」でもどちらでも良いのである。手で指さしながら ce（cette）と言えばそれで済む。では声だけで目の前に何もない状態で「この」と言ったとしたらどうだろう。あるいは意識の中で声を聞きつつ「この」あるいは「これ」と言うとどうなるのか。私たちはたちまちに困惑する。これらの言葉が指しているはずのものはそこにはない。声は存在を開示するはずのものだが――キリスト教を信じる者にとって神は「声」として現前するはずだろう――、声は存在とつながりを持っていない。私たちの身体こそが、この場にあって、「この」と指し示すことを可能にしている。しかしもし私が動物のように「わおー」と叫んだとしたらどうだろうか。この声は私の身体が発する声であり、存在そのものである。だがそれは「人間の声」ではない。「人間の声」は言葉を語る「声」である。しかしそれゆえに「人間の声」は存在とつながってはいないのである。アガンベンは、意外にもラカンと非常に近いところで思考しているように思われてならない――本書第4章のいくつかの箇所を思い出していただきたい。

さて、存在と乖離してしまったそうした「人間の声」が今一度言語そのものへと戻ることで、存在に触れようとする試みを、アガンベンは「詩」あるいは「詩作という行為」に見ている。このことはアガンベンの語り口を借りれば次のようになる。

〈このもの〉をつかまえる試み、すなわち、言葉では表現できない〈声〉の経験のなかにあっ

て、言語活動の生起そのものをつかまえようとする試み（同書、一五四ページ）

それは哲学だけの仕事ではないと彼は言う。そしてその「詩的言葉の到来そのものの経験」――かつてフランス文学を志した私ならもちろん、マラルメを取り上げるだろう――を問う詩人として彼が向かうのは、一三世紀初頭のトルバドゥール、エメリック・ド・ペギーランと一九世紀イタリアの詩人レオパルディである。ここでも彼の引用は「地続き」の地平の上に立っている。ドゥルーズは、英文学、アメリカ文学、ドイツ文学（その中にマイナー文学としてカフカも含む）へと飛び移ってみせる。アガンベンも一見同様に思えるのだが、はじめに述べたように、彼の参照項は常に彼と同じ土地にいて、彼は自分の身体としてそうした引用先を引き受けているという感覚がある。特にレオパルディをここで出してくるのは、まさにイタリア人アガンベンの真骨頂である――レオパルディの詩「追憶」から取られた一節をタイトルにしたルキノ・ヴィスコンティ監督の『熊座の淡き星影』を思い出すのは私だけではないだろう。レオパルディにとって詩は常に「過去」から生まれ、「未来」へと去っていく。アガンベンが引用する田園詩「無限」もそうである。

この人里離れた丘はわたしにはいつも親しいものとしてあった。
また遠く離れた地平の大部分を
視野から閉ざしているこの垣根もそうだった。

視線、と言うよりも詩人の魂はその垣根の向こう、はるかなる「無限」へと入り込んでいく。そこに風が吹き、その無限の沈黙の中に「死んでしまった数々の季節」が蘇り、

そしてこの海で難破することがわたしには快いのだ。

と詩は終わる。子ども時代に見た情景を、青年になって、あるいは人生の中頃に思い出したことがある人なら、きっとこの詩になんらかの共感を覚えるだろう。しかし誰もがレオパルディのような詩を書けるわけではない。レオパルディの天才は「この」という指示詞を何度も繰り返しているところにある。少なくともアガンベンはそう感じ取っている。「この」が指しているものは、過去の中の「このもの」であり、また今目の前にある「このもの」でもある。そしてこの過去と現在との干渉こそが詩を誕生させる場となるものである。

レオパルディの田園詩のなかでは、〈このもの〉は、すでにつねに垣根の向こう側、遠く離れた地平の彼方、言語活動という出来事が無限に生起している方向を指示している。すなわち、詩語は、それが到来した瞬間にすでにつねに未来と過去へと逃れ去っていくようなふうにして到来する。それゆえ、詩のやどる場所はつねに記憶と反復の場所なのである。(同書、一七七～一七八ページ)

人間が言葉を喋るという事実の中には「言葉で言い表せないもの」つまり「存在」という「死」があある。詩はその「死」を乗り越えて言葉が生起する出来事である。ただ、「言葉と死」の問題はこれ

ぐらいでおいておこう。私たちの主題は「残りの時」と「残りのもの」である。とはいえ、「残りの時」へと話を進める前に、私たちはあと二つのトポスを通過しなければならない。「ホモ・サケル」と「潜勢力」である。

ホモ・サケル

『ホモ・サケル』という書はアガンベンの主著と見なされているようである。アガンベン自身もその後のいくつかの著作を「ホモ・サケル」シリーズとして出版しているぐらいである。しかし注意しなければならない。なるほど『ホモ・サケル』はきわめて重要な書物だが、その中の最も重要な主題は「ホモ・サケル」そのものでも、有名になった「ゾーエー」（剝き出しの生）と「ビオス」（社会的・文化的存在としての人間の生）の区別でもない。重要なのは、ホモ・サケルつまり殺害しても罪を問われない人間という「例外状態」をいかにして法が規定しているかという問いである。

フーコーは、生権力下の人間について、私たち人間が歴史的に二度目の自己疎外をしていると見ていた。一度目が一九世紀に資本に対して労働力として、二度目が生権力に対して「生物学的存在」としてである。第3章で見た通り、生権力にとって私たちは一人ひとりの人間ではない。人口という総数でありかつ、衛生学上の数値つまり身長や体重や血圧や血糖値などが構成する「生物学的存在」である。こうしたフーコーの発想がアガンベンの「ホモ・サケル」あるいは「ゾーエー」についての考察の出発点にあったことは間違いないだろう。

生政治という概念のもつあらゆる含意を展開することも、その探究をその先どのように深化させようとしていたかを示すことも、フーコーが死んだために妨げられてしまった。だがいずれにせよ、ポリスの圏域にゾーエーが入ったということ、つまり剝き出しの生そのものが政治化されたということは、近代の決定的な出来事をなしており、古典的な思考の政治的 - 哲学的な諸範疇が根源的に変容したことをしるしづけている。（『ホモ・サケル』一一ページ）

ホモ・サケルを議論にのせるにあたってアガンベンはフーコーに対して最大限の敬意を払っている。しかし、最終的に彼が選んだ道は、フーコーよりも先へ行くことである。

これからおこなう探究はまさしく、権力の法的 - 制度的範型と生政治的範型のあいだの隠れた交点に関わるものである。この探究の数ある帰結のうちでも特記されてしかるべきだったのはまさしく、二つの分析は互いに分離できないということであり、剝き出しの生を政治の圏域に含みこむということが主権権力の——隠されているとはいえ——そもそもの中核をなしているということである。さらに言えば、生政治的な身体を生産することは主権権力の本来の権能なのである。（同書、一四ページ）

注意深く読めば、こうしたアガンベンの立場の中には、フーコーの生権力・生政治論からの微妙なずれがあることが分かる。フーコーにおいて生権力は何よりも近代特有の権力の形態だったが、アガンベンでは古代からすでに生は政治の圏域に取り込まれていたとされる。さらに、フーコーの言う生権力が働きかける人間の生は、衛生学上のいくつかの数値としての生物学的ファクターに分解された生であったが、アガンベンの言う「剝き出しの生」はたとえ「動物的」であっても、決してフーコーが考えていた生物学的水準にまで還元されたものではない。アガンベン自身はおそらくこうしたずれは百も承知の上で議論を展開しているのだろう。なぜなら、まさに人間の生を「生物学的」なものとして扱った全体主義国家ナチス・ドイツについての分析が『ホモ・サケル』という著作の最終的な狙いだからである。フーコーの生政治論とハンナ・アレントの全体主義国家論が交差しなかったことを嘆きながら、アガンベンはこう書いている。

二人の観点を収束させるにあたって、我々は「剝き出しの生」や「聖なる生」という概念を焦点として用いることにしよう。その点においてこそ、政治と生のなす錯綜はこれほどにもつれ、容易に分析できないものとなる。剝き出しの生や、近代におけるその化身（生物学的な生やセクシュアリティなど）には不透明なところがあり、その政治的性格を意識しなければその不透明さは拭い去れない。（同書、一六六〜一六七ページ）

つまりフーコーの生権力・生政治論を現代の問題へとつなげるためには、フーコーの想定していた生物学的水準ではなく、「剝き出しの生」の水準で考える必要がある。そうして初めて政治と生の曖昧な、それゆえ危険なつながりを考察できるということだろう。少なくともナチスと収容所の問題――アガンベンにとってこの問題は現代に関わるアクチュアルな問題である――を思考するためにはそうする必要がある。「剝き出しの生」はあくまで一人ひとりの人間の問題である。それをさらに解体した生物学的数値ではない。一人の人間が「剝き出しの生」にされることこそアガンベンが問題視することである。

そこでアガンベンが着目するのが、「生きられるに値しない生」という、一九二〇年にドイツの法哲学者ビンディングが作りだした概念である。もともとは「安楽死」についての議論の中で使われ始めたこの概念は、当初から極度の精神障害を持つ者をその対象の範疇の一つに入れていたが、やがてナチスの政策においてついにそうした人々の生の抹消という政策へと展開する。そしてその時、まさに生政治は「剝き出しの生」と結合する。優生学だけでは、こうした残虐な政策は現れえなかった。主権者が生の価値・無価値について決定できるということが生政治に含まれていることこそ、その政策の根底にある動因なのであり、強制収容所とユダヤ人の大量抹殺がほぼ同時期に実行された理由なのである。生政治は社会的・文化的な生（ビオス）から「剝き出しの生」（ゾーエー）を切り離し、後者としてのみ存在する人間を出現させることができる。生政治には死の政治へと転換する要素が本質的に含まれているという言葉は、このことを意味している。とはいえ、そうした転換が発生する、あるいはより正確に言うならば国家の政策として実行されるためには、生政治が死の政治を内包しているということだけではまだ足りない。

先に「ホモ・サケル」が「例外状態」であるということを言っておいた。ゾーエーとしてのみ存在する人間のカテゴリー、この概念はカール・シュミットによる「主権者とは例外状態について決定するものである」という命題に由来するが、アガンベンにとっては、彼の思考が向かういくつもの主題を底流のようにつなぐ大きな問題系となっている。主権論の問題系であると同時に、「例外状態がいかにして通常状態に変換されるのか」という問題系でもあり、ここにおいてアガンベンははっきりとベンヤミンの思考を継承している――ユダヤ人として、ナチスによる強制収容所さらにはホロコーストがなぜ可能になったのかという問いが二人を強く結んでいるのである。もちろん問題はナチスやヒトラーだけではない。例外状態は、

ますます現代政治において支配的な統治のパラダイムとして立ち現れつつある。一時的で例外的な措置がこのようにして統治の技術に転位したことは、憲法体制の諸形態についての伝統的な区別の構造と意味を根本から変容させかねない。(『例外状態』一〇ページ)

アガンベンにとっての最大の懸念は、かつて全体主義国家のみがなしえた蛮行を今や民主主義国家であることを自ら謳っている国家が行いうるということである。しかし例外が例外でとどまっていれば、それは法が成立するための外部であって、すべての法には例外があるはずである。問題は、例外状態が常態へと転換されることがあるということである。アガンベンの目は現在を見ていると同時に常に過去を見ている。そしてある過去のさらに過去――フランス語文法なら「大過去」と言うだろう――を見ている。ナチスの政策はすでに実行されたある政策をユダヤ人に適用したにすぎない。そ

れが「保護勾留」あるいは「ただ国家の安全に対する危険を回避するというだけのために個人を「保護」することを可能にする」(『ホモ・サケル』二二八ページ)、戒厳状態に関する一八五一年に発布されたプロシア法である(一八七一年には、バイエルンを除くドイツ全土に適用されている)。

保護勾留の法的基礎は、個人の自由を保証するドイツ憲法の条文を宙吊りにすることをともなう戒厳状態ないし例外状態の布告だった。(同書、二二八〜二二九ページ)

あらゆる国家制度に例外状態を常態へと変換する機序が含まれているのである。民主主義国家だとか、平和国家だとか自らを定義している国家もまさに「例外」ではない。ある政府が例外状態を常態へと変換しようとする時、私たちはよほど気をつけなければならない。その時、必ずある一定数の個人の生が「剝き出しの生」へと変換されることになる。アガンベンが、フーコーの言う生物学的水準ではなく、あくまで「個人」にこだわった理由はここにある。彼は何百万の「個人」の生が抹消されたユダヤ人の血を引き継ぐ者、「残りの者」なのである。ただ、「残り」という問題に入る前に、もう一点だけ私たちは明らかにしておかなければならない。「潜勢力」という概念になぜアガンベンがこだわるのかという点である。

潜勢力

今見たように、『ホモ・サケル』は「剝き出しの生」という「例外状態」の「常態」への「転換」

についての書物である。しかし、その思考の過程でアガンベンは、「潜勢力」についての考察を挟んでいる。本の中では前の方、つまり主権の論理について論じた第一部に置かれているが、「潜勢力」はその最後の「転換」と関わっている。なぜ「例外状態」の「常態」への「転換」が起こるのか。私は先ほど、「あらゆる国家制度に例外状態を常態へと変換する機序が含まれている」と書いたが、アガンベンはこのことをどうやら主権そのものが持つある本質的な特徴と関係づけて考えているようだ。「主権的締め出しの構造」と言われているものがそれである。とはいえ、まず潜勢力をアガンベンがどう論じているかを見直しておこう。

「潜勢力」とは、アリストテレスが現勢力（エネルゲイア）と対立するものとした「デュナーミス」のことで、端的に言えば「できる」ということである——赤ん坊が後に何者かになれるという意味での潜勢力とピアニストがピアノを弾けるという意味での潜勢力の二種類があり、問題とされるのは後者の方である。しかもアリストテレスにおいてはこの「できる」という能力には、「しないこともできる」という能力が備わっているとされていることにアガンベンは注目する。「非の潜勢力」（アデュナーミス）と呼ばれているその反対の力は、例えばピアノを弾ける人がピアノを弾いていない状態を指す。そして潜勢力から現勢力への移行が生じる際、この非の潜勢力は破壊されるのでも、否定されるのでもない。完成されるのだとアガンベンは解釈する。「これこれが潜勢的であるのは、潜勢力をもつと言われているその当のものの現勢力が現実のものとなるときに、非の潜勢力という状態では何もなくなる」（『思考の潜勢力』三四六ページ）という『形而上学』の中の不可解な定義が意味することは、「不可能なことが何もない時、それは可能である」というような同語反復的な意味ではない。

自体的な非の潜勢力を現勢力へとそのまま全面的に移行させ、つまりは現勢力へと移行しないのではないことができる（同書、三四八ページ）

ということである。言い換えれば、潜勢力から現勢力への移行が起きる時、非の潜勢力は自らに対する非の潜勢力となり、「しないことではない」として、現勢力の中に生き残るということである。これをアガンベンは潜勢力の潜勢力に対する「贈与」であり「救済」であるとも述べている（同書、三五〇ページ）。なるほど、とはいえこのことと主権の問題がどう関わるのか。なんの迷いもなくアガンベンは議論を続ける。構成する権力と構成される権力の関係は潜勢力と現勢力の関係と同一であるというのである。

ここで「構成する」「構成される」と訳されているイタリア語は constituente（フランス語の constituant）と constituto（同 constitué）であり、実際に意味しているところは「法を制定する」と「法として制定される」である。すなわち前者が「憲法」――憲法を表す名詞が Constitution（フランス語・英語）、Constituzione（イタリア語）であることは指摘するまでもないだろう――だとすれば後者が「法律」である。一般の法律が定める法権利あるいは法秩序とそれを制定する権力との間には、潜勢力が現勢力へと移行する際に生じる、私たちが先ほど見たような関係性が存在することになる。つまり潜勢力にはそれに相応する非の潜勢力が常に存在しているということは、構成する権力には構成しないこともできる権力が常に存在するということ、法秩序を成立させている権力には、常にその法秩序を成立させないこともできる力が存在し、法秩序の存在はその非の潜勢力の自己否定によってのみ可能になっているということだろう。したがって、法秩序には常にそれが成立していない状態つまり「例外状態」への「転換」の可能性が秘められているということになる。

同じことを主権という観点から、もちろんアガンベンの思考に従いながら考えてみよう。「憲法はまず構成する権力を前提する」という、フランス革命の指導者の中でも最も法と権力の関係について鋭敏な感覚を持っていたシェイエスのテーゼを、アガンベンは「憲法は構成する権力として自らを前提する」と理解すべきであると言う（『ホモ・サケル』六三ページ）。なるほどそうだろう。憲法は構成する権力そのものなのだから、単に構成する権力を前提するのでは済まない。自らをそういうものとして規定し、自らの権力が発動する（つまり法秩序を制定する）機序を自分自身で創設しなければならない。自分自身による自分自身の創設こそ、ベンヤミンが「暴力」と言い、アレントが「革命的」と言ったものである。主権はその時、構成する権力としての自らと、法秩序という構成される権力としての自らの間で分裂している。そしてこのことこそ、

まさに存在しないこともできるということによって現勢力との関係を維持するという潜勢力の構造に、自らの適用を外すことで例外に自らを適用するという主権的締め出しの構造が対応する

（同書、七一ページ）

というアガンベンの言葉が意味していることなのではないだろうか。少なくとも私はそう理解している。

残りのもの——残りの時

やっと私たちは、アガンベンにおける「残りの」という主題にたどり着いた。扱うべき書物は一九九八年の『アウシュヴィッツの残りのもの——アルシーヴと証人』と二〇〇〇年の『残りの時——パウロ講義』である。

まず前者から見ていこう。強制収容所において、あまりに酷い扱いと栄養失調のために、意志や意志といったものを失い、うつろな表情で身をかがめ、鉛のような顔色をして、命令に服従する一団の者たちは「回教徒」と呼ばれた——この命名の理由については、いろいろ説があるようだが、その身のかがめ方が回教徒が礼拝する時の姿勢と似ていたからとする説が一番有力なようだ。この書物が出版されたことによって、「回教徒」という言葉が強制収容所において持っていたこうした意味を多くの人が知ることになった。いや、強制収容所から生き残った人たちの手記には「回教徒」と呼ばれた人についての記述はあったのだが、「回教徒」自身からの「証言」は長い間存在しなかった。それが一九八七年に一挙にある論文の中で、「私は回教徒だった」という告白とともに発表された。「回教徒の状態のあとに生き残り、いまその状態について語ろう」とした一〇人の証言である。アガンベンはこの証言をきっかけに、「証言」という言葉の意味を深く考えたようだ。なぜなら、それまで強制収容所で起きていたことの最も正統で最も雄弁な証言であったプリモ・レーヴィの言う「証言することの不可能性」、つまり「生き残って証言する者は本当の証人ではない」というパラドックスを覆す証言が現れたからである。いまや「証言不可能なこと」、つまり回教徒であったことが証言されたのである。しかしそれらの証言ははたしてすべてを証言したのだろうか。「証言する」とはどういうことなのか、私たちは何を「証言」できるのか、できないのか。そもそも「証人」とはどういうことなのか。この書物を読んで私が感じることは、これらの問いに対してアガンベンが心から揺れ動いていることと、そして怒っていることである。何に怒っているのか。ナチスに対してだろうか。そうではない。法に対して、より正確に言うならば、法と倫理の混同に対してである。アガンベンの口調はいつもに比してかなり激越である。

法律が問題のすべてであろうとしてはならない（『アウシュヴィッツの残りのもの』一七ページ）

わたしたちが道徳や宗教の領域で用いているほとんどすべてのカテゴリーはなんらかの仕方で法律に汚染されている。罪、責任、純潔（innocenza［無罪］）、審判、罪の赦し（assoluzione［無罪放免］）……等々。このため、それらを用いるさいにはくれぐれも用心しなければならない。（同書、一七〜一八ページ）

責任の概念も、手のほどこしようのないくらいに法律に汚染されている。（同書、二一ページ）

なぜこれほどまでにアガンベンは法、法律を嫌うのだろうか。おそらくニュルンベルク裁判でのアイヒマン側の弁護団が「法的には罪を問うことはできない」ことを主張した事実があるのかもしれない。証人、証言の問題を徹底して「法」の領域の外に置くこと、徹底して「倫理」の領域に置くことこそアガンベンがこの書で目指したことのように思われる。

アガンベンはラテン語には「証人」を指す二つの言葉があることをまず指摘する。係争中の二人に対して第三者の立場をとれるものを指す testis と、「なにかを体験したり、なんらかのできごとを最後まで生き抜いた生存者」である者を指す superstes である。そしてさらに彼はギリシア語では証人が martys すなわち「殉教者」でもあったことに注目する。強制収容所の犠牲者たちを「殉教者」にたとえるためでは毛頭ない。そんなことは彼らの運命を「神秘化」してしまうことになると、生き残った者たちが一致して考えていることをアガンベンは言い添えている（同書、三〇ページ）。むしろ重要なのは、このギリシア語が「思い出す」を意味する動詞から派生していること、すなわち「生き残った者は、記憶を天命として授けられている」ことである。ここまでは良いだろう。しかし、証人についての考察をさらに深めるに当たって、アガンベンはラテン語においてもう一つ「証人」を表す言葉 auctor（アウクトール）を持ち出してくる。「著者」を意味するフランス語の auteur（イタリア語なら autore）の元にあるこの語は、本来「未成年者を後見する者」を意味していた。他にも「売り手」や「助言者、説得をする者」も意味したらしいが、いずれにしてもこの語は「十分ではないものを補完して機能させる」という意味の構造を持っているとアガンベンは言う。証言の構造は二重化する。

証言するとは「十全に証言できない者の代わりに、言葉を発する」ということにならないだろうか。だとすれば証人であることは、非常な重荷を背負うことになる。自分自身がそうでなかった者たちのために言葉を発すること。アガンベンははっきりと言っていないが、私は一つの疑問を持っている。はたして回教徒だった人たちが後に語った言葉、つまり一九八七年に発表された一連の証言、アガンベンも自らの書の最後に載せたあれらの証言は、本当に十全な意味での証言なのだろうか。もちろん彼らはある経験から生き残った者、つまり superstes として真正な証人であろう。彼らはたしかに事実を書いているだろう。しかし彼らを回教徒へと変容させた組織と人間たちの残虐さと非人間性のすべてを、彼ら自身の証言は十全に伝達できているだろうか――いや、淡々としか書けないこと自体が、現実の証しであるとも言えよう。ただ私がここでぜひ強調しておきたいのは、それとは反対に、回教徒ではなかったレーヴィは、アガンベンにとって言葉の完全な意味での証人であり続けているということである。回教徒ではなかったことを自ら受け止めつつ、しかしそれでも彼らの証人となることを使命として引き受けているからである。ここで重要になるのが「イスラエルの残りの者」という神学的概念である。「イスラエルの残りの者が救われる」と言われる時、救われるのはイスラエルの民の一部なのだろうか。いやそうではない。アガンベンから引用しておこう。

重要なのは、神学者たちがかならず指摘しているように、残りの者というのは、単にイスラエルの民の数的な割合を指しているのではないようにおもわれるということである。むしろ、残りの者というのは、終末《エスカトン》、メシア到来のできごと、民の選びにじかにつながれた瞬間に、イスラエルが引き受ける内実である。すなわち、救済との関係のなかで、全体（民）は必然的に残りの者としてみずからを立てることになるのである。（同書、二二〇ページ）

このことを証人という問題に当てはめてみよう。証人とは、「証言の際に証人であることをみずから引き受ける者」のことになる。証人であることは、あくまで言葉を発することである。しかしそれはただの言葉ではない。十全に言葉を発することができない者の代わりに発する言葉であり、証人とは、自らの言葉が証言としての価値を持つように自ら証人として立つことを引き受ける者のことである。しかし、アガンベンがわざわざギリシア語を経由して指摘したように、証言することは自らの「死」を引き受けることでもあったはずだ。もちろん物理的で実際的な「死」だけではない。「自分が自分であることの否定」ということでもある。証言するということは、「残りの者」とは「自らの命運を引き受ける者すべて」であるという逆説的なトポスを自らに当てはめることでもある。証人の責任とは、そうしたきわめて厳しい決断をあえてすることである。アガンベンが証人の問題を法から引き離し、倫理の問題として問いかけようとしたのは、こういうことではなかっただろうか。法の次元では、事実が明かされればそれで罪を証明するのに十分である。しかし倫理の次元ではそうではない。事実だけでは済まない。事実の内実、事実の残虐さ、事実の非道さを語り尽くすことが必要なのではないだろうか。自らが本当の証人ではないことを引き受けたレーヴィ。「わたしたち、生き残って証言する者は、本当の証人ではない」（同書、四〇ページ）と断言したレーヴィこそ、第三の意味つまりアウクトールとしての「本当の証人」だろう。証言には「証言不可能性」という欠如がある、死んだ者は証言できない以上、生き残った者は死んだ者の代わりでしかないとポストモダンを気取ってパラドクスをもてあそんでみても仕方がないことを、アガンベンは重々承知している。証言は必要である。しかし証人は事実が事実として立ち現れてくるその様を語り尽くす必要がある。強制収容所が強制収容所であるのはいったいどういうことなのか、何がいったい起こっていたのか。そのことを、言葉が言葉として生まれ出る領域すなわち「インファンツィア」にまで沈み込みながら、言葉を見つけ出し、表現を作り出しながら語る必要があるのではなかろうか。

さて、今「証人」であることについて引用した「イスラエルの残りの者」のトポスは、『残りの時』においても決定的な役割を担っている。ただそのことを考察する前に、この『残りの時』という書物の独特な書かれ方に注目しておきたい。フランス、イタリア、アメリカの大学で一九九八年から一九九九年にかけて集中的に行われたセミナーの内容をまとめたものだが、アガンベン自身がその形式にこだわったことを注記している。「『ローマ人への手紙』の最初のくだりの一〇語の、逐語的かつあらゆる意味にわたっての、註解」（『残りの時』XIVページ）という形式である。古典の註解という形式は、西欧においても東洋においても、まさに古典的な知の継承の最も正統的な形式である。単なる解説ではない。古典の一言一句に対して、それに関わる知の歴史の全体を照射し、その全体の中へテクストの意味を差し戻していく作業である。前章で、ハイデガーのまさに一つひとつの言葉に関して、哲学の歴史の全体を反映させた質問を投げつける、辻村公一氏によるハイデガー『有と時』の読解講義のことを書いた。アガンベンのセミナーがどうだったのか私には知るよしもないが、おそらくは質問を投げかけられるというよりは、次々と繰り出されるアガンベンの知の飛躍に呆然と聞き入っている学生が多かったのではないだろうか。いずれにしても、『残りの時』のこうした形式こそは、この章のはじめに述べたアガンベンの思考のスタイルの究極的な形式であろう。

「パウロス・ドゥーロス・クリストゥ・イエースゥ、クレートス・アポストロス・アフォーリスメノス・エイス・エウアゲリオン・テウ」、これがその一〇の言葉である——邦訳では、なぜかアポストロスが抜けているが。日本語にすると「キリスト・イエスの僕《しもべ》、神の福音のために選び出され、召されて使徒となったパウロ」（新共同訳）となるようだが、この一〇の言葉の一つひとつに註解を加えようというのである——というより、これらすべての言葉に註解すべきことがあるということ自体が驚きである。例えば「パウロ」という名前だけについても、神が人の名前に文字を付け加えること、固有名・渾名などをめぐって様々な知が導入される。もちろんここですべての言葉について考察するわけにはいかない。私から見て他より多く問題を孕んでいると思われる言葉は、クレートス（召された）とアフォーリスメノス（分かたれた）の二つである。フランス語訳では単に appelé（呼ばれた）と mis à part（脇に置かれた）という受動態で表現されているこの二つの事態は、パウロによる言葉の使い方の中ではそれほど単純ではないようである。「クレートス」は動詞「カレオー（召す）」を通じて「クレーシス(召命)」へとつながり、「クレーシス」は「……でないかのように」といういわゆる擬制の問題と「使用しなさい」という問題へとつながる。なぜ「でないかのように」なのか。救済されるべき者として「召される」時、私たちは現世で所有していたものを捨て、「持つ者は持たない者であるかのように」、そうであったところのものを捨てなければならないからである。救済されるとは「生まれ変わる」ことであり、「別のもの」になることなのである。ではなぜただ単に「そのようにしなさい」ではなく「使用しなさい」と言われるのか。「使用する」とはどういうことなのか。アガンベンが引用している『コリント人への手紙』七章の一節にはこうある。

おのおの自分がそれによって召された召命のうちにとどまっていなさい。奴隷として召されたのですか。そのことを気にしてはいけません。しかし、もし自由の身になることができるとしても、むしろそれを［奴隷として召されたときの状態を］使いなさい。(『残りの時』三二ページ)

この問いは、二〇一二年にまとめられた『身体の使用』の第一部でさらに徹底して取り上げられている。同じ「カレオー」から派生した「クレスタイ」は中動態を形成する動詞であり、バンヴェニストやスピノザを参照しつつ、アガンベンはこう指摘する。

あらゆる使用はなによりもまずもってはみずからの使用である。なにものかとの使用関係に入るためには、わたしはそれ［使用するという動作］の影響を受けなければならず、わたしは自身をそ

れを使用する者として構成しなければならないのだ。（『身体の使用』六一ページ）

訪ねるということは、ヘブライ語では「みずからを訪ねる者として構成する」（同上）ことになるように（スピノザが挙げている例の一つがこれである）、中動態では動作主と動作の受け手の区別は曖昧になり、動作主がその動作によって受け取る影響こそが重要となる。受動態をとっていても、その動詞では「受動態であることにおいて能動的である」（同上）ことになる──「訪れられる者」は「訪れられる者」として自らを構成するのである。したがって、「召された」ということは「召された者として自らを構成する」ことに他ならない。「召される」ということは単なる受動態的な事態ではなく、能動的な事態でもあるのである──日本語では無理だが、フランス語なら代名動詞という構造によって多少文法的にこうした事態を再現してみることができる。appelé（呼ばれた）とは s'appelant comme（そうした者として自らを呼ぶ）ということであると。そしてこのことは、アフォーリスメノス（分かたれた）という問題、そしてさらに「残りの者」という問題につながっていく。

「分かたれた」ということは「選び分けられた」ということである。周知の通り、ユダヤの人々は自らを「選ばれた民」と見なしているが、パウロに対して使われた「選び分けられ」はまず、そうした第一の「選び」をさらに分割する。これは「イスラエルの残りの者」だけが救われるというのと同じトポロジーである。しかしこのことは「選ばれた者」のうちの「一部」をはたして意味するのだろうか。答えは否であり、また是である。もし、平面上の一区画にさらに区分を入れることだとするなら、そんなことではないと言うべきである。では是となるのはどんな場合なのか。「呼ばれる」ことが「呼ばれた者として自らを構成する」ことであったのと同じように、もし「選び分けられる」ことが「選び分けられた者として自らを構成する」ことであるならどうだろうか。「選び分けられた者として自らを構成する」ことはすべての人にできることであり、またすべての人にできるとは限らないことである。空間的なトポロジーはここで意味を失う。「選び分けられた者」、「残りの者」は、「選ばれた民」全体の一部ではない。全体であり、また無でもある。むしろ問われているのは、あなたははたして「選び分けられた者」、「残りの者」として自らを構成することができるかということなのである。

この預言的・メシア的な残りの者という観念こそ、パウロがすくいとり展開している当のものである。そして、これが、かれの分離の、かれの分割の分割の、最終的な意味でもある。かれにとっては、残りの者とはもはや預言者たちにおけるような未来にかんする観念ではなく、かれがメシア的な「今」と定義する現在的な経験なのだ。「今の時にも、……残りの者が産み出されている(gégonen)のです」。(『残りの時』九一ページ)

ではそのメシア的な「今」とは何なのか。ただ単に「現在」ということなのか。「残りの者」が「今も生み出されている」とはいったいどういうことなのか。『残りの時』はここで、非常に重要な概念を提示している。セミナー四日目、「アポストロス(使徒)」について語る中で取り上げられる「総括帰一」（パウロは「一つにまとめる」という意味のアナケファライオーシスという動詞形で使っているようだが）という概念である。問題となる箇所は『エフェソス人への手紙』一章一〇節だとアガンベンは指摘する。

〔メシアによる救済という神の計画は〕時が満ちるに及んで、あらゆるものが、天にあるものも地にあるものも、救世主のもとにひとつにまとめられる（同書、一一二ページ）

ということ、すなわち、

創造からメシア的な「今」にいたるまでに起こったすべてのもの、要するに過去の総体の総括帰一、一種の要約的短縮をおこなうということである。（同上）

メシアによって「残りの者」（先ほど見たように数的な一部の者を指しているのではないことをもう一度確認しておこう）が救済される、最後の時とは時間的に最後の時なのではない。終末のことではない。それはあくまで「今」であって、その「今」が永遠に続きながら、それまでの過去のすべてを引き受け、まとめるのである。ここには「破裂しそうなほど意味が充填されている」（同上）。オリゲネスとライプニッツにおける更新、キルケゴールにおける再生、ニーチェにおける永遠回帰、ハイデガーにおける反復などはこの箇所の意味の爆発の破片にすぎないとまでアガンベンは言う。

残りの時の残りの者。「残りである」ということは「すべての過去を引き受け」、そして「自らのその使命を引き受ける」ことである。アガンベンに導かれて、私はこうしたとてつもなく重い責任を負う人間の状況を概念として感得することができた。しかしその「すべて」とはいったいどういうことなのか。現代に生きる私たちにとって、そのことはどんなことを意味するのか。本書の終章において、私なりの理解を提示したいと思う。

アガンベンを、ヨーロッパの知の大きな歴史に直に、地続きにつながっている思想家であると私は定義した。まさにアガンベンは「ヨーロッパの知の残りの者」として「ヨーロッパの残りの時」を引き受けながら思考しているのだろう。そのアガンベンの思想をこれから引き継いでいくことは、この上のない難儀である。おそらく私にはとうてい無理な使命である。ただそのほんの小さな破片だけでも引き受けられたら幸いに思う——もちろんアガンベンの思考の歩みはまだ止まっていないはずだが。

終　章　新たな「絶対」としての宇宙の中で

私は二〇一一年からＪＡＸＡつまり宇宙航空研究開発機構との共同研究「宇宙の人間学」に参加し、分科会の座長も務めさせてもらった。テーマは「なぜ人間は宇宙を目指すのか」という問いであった――研究会の成果は同名のタイトルで二〇一五年に出版された。ちょうどその頃私が自分自身の研究として特に取り組んでいたのは、第10章で取り上げたアガンベンであった。アガンベンは、『ホモ・サケル』にしても『残りの時』にしても、そして『アウシュヴィッツの残りのもの』ではとりわけ、人間の真実と向き合って思考している。彼の思想をたどっていると、私は「人間の使命」ということをどうしても考えてしまう。アガンベンのおかげで、「なぜ人間は宇宙を目指すのか」という問いは、「なぜ人間は宇宙を目指さなければならないのか」へと変わり、宇宙に対して人間が背負うべき使命について思考することが可能になった。以下は、その研究会の中で私が主張した意見である。「宇宙の中に人間がいる」という事実が持つ意味は、無に等しいどころか無限に近い重みを持っているということ、それゆえ人間は宇宙に対して、そして人間自身に対して甚大な使命を負っている、ということが私の主張の中心であった。

例外状態から通常状態へ

国際宇宙ステーションに滞在した宇宙飛行士に対して最初に問われる質問は、たいていの場合、「地球はどのように見えましたか」というものである。宇宙に出て初めて、地球の美しさや尊さが分かるということを、多くの人が宇宙飛行による成果として挙げる。また、重力が微少で、方角や上下の区別がない宇宙でどんな身体感覚や空間感覚を持ったかということも、宇宙飛行士に対してよく問われる質問である。しかし国際宇宙ステーションではいまだ地球に近すぎるからなのか、宇宙飛行士たちの生活のほぼすべての時間や活動は地球と結ばれ、地球の方を向いている。そのために、宇宙に出た時に感じる宇宙空間そのものはどんなものだったのかということは、あまり深く問われてこなかったように思う。宇宙空間は人間にとっていったい何なのか。

宇宙にとって地球などはとるに足りない塵のような存在である。そんな塵の上のさらに塵のような私たち人間が、宇宙へとごくわずかながらも脚を伸ばし、宇宙に住み始めた時、「宇宙に大きな変化が生じた」と言ったとしたら、荒唐無稽な戯言であると一笑に付されるだろう。ちっぽけな我々人間が宇宙に対して何ができるのか。人間が宇宙に対して及ぼす影響など、宇宙にとってみればほとんど無に等しいのに、何を言っているのかと。その通りである。しかし宇宙という空間とその中にいる人間の関係を広義の位相幾何学的な視点から見てみると、事態は大きく違って見えてくる。

これまで人間は、地球から、地球のはるか彼方にある月や星を見、夢想し、思索し、創造してきた。宇宙という場の中に地球があることは分かっていても、宇宙と地球とは人間にとって全く異なる二つの場だった。地球はその上に人間が住み、自らの存在を支えてくれている場である。人間にとって、地球を自らの住処として認識することは自然なことだろう。さらに言えば、地球上でそうした認識を持って生きているのは人間だけなのだから、人間は地球に対して責任を持って生きなければならないと考えることも当然のことだろう――とはいえ、気候の温暖化対策や国際平和などの問題への取り組みがなかなか進まないところを見ると、地球という次元で考えること自体私たちには難しいようだが。ただ、「宇宙から考える」ということが逆にこうした問題を進展させるために大きな力を持つのではないか、と私は考えている。宇宙を自らの住む場所として認識することは、これまで人間にとって思いつくことすらないような話であった。しかし、人間が地球の外の宇宙空間に飛び出し、そこに住み始めた今、人間にとって宇宙と地球の境界はこれまでほど明確ではなくなりつつある。このことに私は注目したい。

宇宙は、人間にとってこれまでいわば「例外状態」、つまり第10章で見たような「通常の法が適用されない」場所だった。宇宙は、地球の外の空間であり、地球から隔たった場所だった。そこは地球上とは全く異なった環境であり、例えば、地球上の国際法から宇宙法が構想されることはあっても、逆に宇宙法が地球上の出来事に適用されることはない。もちろん科学の世界では、地球という空間と宇宙という空間に物理学的な違いがないことはずいぶん前から当たり前のことになっていた。物理法則は宇宙でも地球上でも同一なのである。では、私たちの生のあらゆる次元において、宇宙は地球と連続的につながった空間であり、人間にとって「通常状態」にある空間だと考えてみたらどうだろうか。人間は、常に宇宙を基本的な参照項としながら思考しなければならないということにならないだろうか。地球上でしてはならないことは宇宙でもしてはならないというだけではない。むしろ「宇宙でしてはならないことは地球上でもしてはならない」と今後は考えなければならないだろう。このことの意味は予想外に大きい。カントに有名な「定言命法」というものがある。「あなたの意志の格率が同時に普遍的な立法の原理として妥当するように行為せよ」というものだ。カントが三批判書執筆と同時期に行っていた講義をまとめた『人間学』を読んでいると、どうもこの「普遍」の基盤には当時の西欧の市民社会に成立しつつあった道徳があるように私には思えるのだが、それはともかく、今や宇宙こそがその普遍を成立させる空間として、言い換えれば新たな「絶対」の場として出現しつつあると言えるのではないだろうか。宇宙を別世界と考えることは、人間にとって長い間親しんできた習慣のようなものだから、なかなかそれを捨て去ることはできないだろう。しかし、宇宙が人間の住処になったということと同時に、宇宙という視座なしに地球の未来はないという二重の意味で、そうした習慣は捨て去るべきだと考えるのである。

この宇宙に私たちしかいないとしたら……

ところで、もう一つ、宇宙飛行士によく問われる質問がある。「宇宙には人間以外の知的生命がいると思いますか」。どれほどの数の空想物語がこれまでこの問いをもとに書かれてきたことだろう。しかし、あたかも宇宙人の存在を数式で証明できるかのような、あのドレイクの方程式を本当に信じている人が何人いるだろうか。はるか彼方の宇宙に向けて、メッセージを発することを無意味だとは言わない。とはいえ、そのメッセージには永遠に返事が来ないということを想像してはいけないのだろうか。もちろん、宇宙に存在する知的生命は人間だけなのではないかと疑った人は大勢いる。フェルミのパラドックスは有名である。スティーヴン・ウェッブというイギリスの物理学者は、わざわざ『広い宇宙に地球人しか見当たらない五〇の理由』という本まで書いている。だが、宇宙の中で私たちはひとりぼっちだという仮定を出発点にして、宇宙のことを考えた人はあまりいない。なぜか、そうした思考の道筋は門が閉じられてしまっているのである。

しかし、宇宙の果てまで旅しても、宇宙の中でどれだけの時間待っていても、私たちが私たち以外の誰かと出会うことは決してないと想像したらどうだろう。広大な宇宙の無限の広がりと無限の時間の中で、私たちが本当にひとりぼっちなのだとしたら——こう想像してみると、果てしないほどの孤独感に私たちは襲われないだろうか。かつてパスカルは「宇宙の無限が私を畏れさせる」と言ったが、「宇宙の無限の中の孤独」はもっと恐ろしい。しかしそれこそが私たちが引き受けなければならない、宇宙の中の人間の存在様態ではないだろうか。宇宙空間は例外的な時空であったからこそ、私たちは「真に恐ろしい孤独」に向き合うよりは、むしろ「心ときめく未知との遭遇」を好んできた。そのことが生み出した成果を否定するわけではない。私たち以外の知的生命が存在する可能性が完全に無であるなどと主張しようというのでもない。何らかの生命が存在する可能性は大いにある——土星の衛星エンケラドスに生命の存在が可能となる環境が存在するという研究もある。だとすると、宇宙が無限である以上、その生命の中には、私たちのような、あるいは私たち以上の知能を持った生命が存在する可能性があることは否定しようもないことである。とはいえ、もう一つの可能性、つまり宇宙には私たちたちしかいない、宇宙人とは結局私たち自身のことでしかないという可能性に立って宇宙について考えてはいけないのだろうか。

そしてそうした場合、「宇宙の中に人間がいる」という状況はいったいどういう意味を持つのか。このことを私は考えてみたい。それは、「宇宙は〈人間という〉知能と意識を持った空間へと変化した」ということではないだろうか。宇宙の中のほんの小さな一点に生じた知的生命（ここで私は、「知的」という言葉を、宇宙を宇宙として認識できるほどの知能と意識を持ったという意味で使っている——ある程度の知能や意識を持つ動物は人間以外にもいるのだから）が宇宙そのものを意識し、そしてついに宇宙へと進み出た時、宇宙全体の存在様態が変化する。たとえ宇宙の果てまで行っても、人間という知能と意識を持った存在が宇宙のどこかに存在することには変わりがない。こうした視点の変更はなかなか納得しにくいかもしれないが、人間が宇宙人として宇宙の中にいるということはそういうことである——本書で私たちは、視点の変更というものがどれほど重要かを繰り返し見てきたはずだ。そうした事態において、「宇宙を自らの住む場所として考え、その認識に基づいて生きる」とはいったいどんなことを意味するのか。それは、「宇宙は人間のものである」などといった「所有」や「支配」の次元の話では全くない。もちろん、「人間は宇宙で一番偉い」などという『傲慢さ』の次元でもない。むしろそれは、「私たちは宇宙に代わって思考しなければならない」という「代表」の次元の話であろう。つまり、宇宙の中でひとりぼっちであるかもしれない私たちは、少なくとも別の知的生命が見つかるまでは、他のすべての存在に代わって、宇宙全体を思考しつつ、行動しなければならないということである。

宇宙と人間の時間

ところで宇宙の年齢が一三八億年であるとすれば、それに対して地球上に人類が登場してから経過した時間はきわめて短いものである。したがって、宇宙全体の時間の中に置かれた時、この地球の上で展開された人類の歴史などほとんど何の意味も持たないと言えるかもしれない。しかしそのような考え方は、宇宙の時間を量的なはかり方で見ている限りにおいてしか成り立たない。宇宙の最初期に起こった重大な出来事が、宇宙の誕生後きわめて短い時間の内に生じていることは多くの人の知るところである。だが、それらの出来事は短期間の内に起こったのだから意味がないなどと言う科学者はいないだろう。先に述べたように、もし宇宙に他の知的生命がおらず、本当に私たちしかいないとしたら、人類登場以降の地球の時間もそのように「きわめて短期間の内に、重大な出来事が集中して起こった」時間であると考えることができるのではなかろうか。そしてその場合には、人類の登場はいわば第二の「ビッグ・バン」なのである。

では、その短期間に集中して起こった出来事とは何か。人類の歴史そのものであり、またその中で形成された諸民族や諸国家の文明や文化以外の何ものでもない――様々な悪や悲劇も含めて。だとすると、宇宙に人間が進出すればするほど、私たちはこれまで人類が行ってきた知的活動を、より詳細により深く探究しなければならないことになる。広大な宇宙に対して国家や文化の違いなどは些細なものであり、宇宙において人類は皆ひとつであって、私たちは国家間の対立を超えて協力すべきである、とよく言われる。しかし私たちが宇宙で協力すべき理由はそんなことではない。宇宙の中でひとりぼっちであるかもしれない私たちが作り出してきた国家や文化の違いは、「些細」なことどころではない。人類のみならず、宇宙全体にとってきわめて重要な出来事、無限の宇宙の中の一カ所で宇宙の時間からすれば一瞬のうちに起きた、しかしそれでもきわめて重要な事件なのである――これが「第二のビッグ・バン」と言った理由である。

第10章で見たように「総括帰一」という言葉にアガンベンは注目していた。使徒パウロが、「時が満ちるに及んで、あらゆるものが、天にあるものも地にあるものも、救世主のもとにひとつにまとめられる」という意味で使った言葉であった。この言葉を「アウシュヴィッツの残りのもの」という言葉と連結して考えてみると、刻々と過ぎていく私たちの生の時間のそのそれぞれの今において、私たちは過去のすべてを引き受けて生きているのだということに気づかされる。アウシュヴィッツの強制収容所に入れられた人たちのうち、人間性をほとんど失ってしまって無意味さそのものとして生きた人たちがいた。「回教徒」と呼ばれた彼らが見たもの――おそらくそれが強制収容所の真実なのだろう——を誰も証言できない。後に回顧することのできた彼らのうちの何人かでさえそうである。私たちの生きる現在を決定的に規定している事実については、それを証言することすら不可能なのである。しかし「残りのもの」であるために、私たちはそれを引き受ける必要がある。「今を生きる」とは徹底して「過去を引き受けること」である。

代わりをすること

先に「宇宙の中でひとりぼっちであるかもしれない私たちは、少なくとも別の知的生命体が見つかるまでは、他のすべての存在に代わって、宇宙全体を思考しつつ、行動しなければならない」と書いた。ここでこの「代わって」という言葉の意味をよく考えておく必要がある。「代わりをする」とはいったいどういうことなのか。近代の民主主義では、国民は代表を選んで、その人物に自分たちの意見を議会で代弁してもらう。代表をどう選ぶか、つまり選挙制度をどのように構築するかが、民主政治の成否を決定すると言って良いだろう。ただ、こうした代表制度はあくまで、投票などによって自分の意見を任せる相手を選ぶことができる人間、つまり言葉を話し、一定の知識を持った人間を対象としたものである。私たちと同じ土地に生きる動物たち、さらに言えば山や木は代表を選ぶことはできない。私たち人間は、それゆえ一人ひとりがそうした「声なき」(欧米の言葉では、多くの場合「投票」は「声」と同じ言葉voice, voixである)存在の「代わり」に考え、政治的判断をすべきであると言えば、政治学者からは一笑に付されてしまうかもしれない。しかし政治とは私たちの生に関わること、さらに言えば生のあり方そのものである。政治家に任せっぱなしにしておけないのと同じように、政治学者に任せっぱなしにしてはおけない。

では、実際に、「声なきもの」たちの「代わりに」考え、行動するとはいったいどういうことなのか。ドゥルーズは、『ジル・ドゥルーズの「アベセデール」』の中で「作家とは、何かの代わりに語る人だ」と言っている。しかしそれは簡単なことではない。例えば「犬の代わりに語る」ためにはどうすれば良いのだろうか。単に犬のまねをするのでも、また犬を愛することでもない。第1章で述べたように、「動物になる（devenir animal）」とは、人間であることを少しやめて動物の領域に近づくこと、つまり動物と人間の間の「中間領域」に入っていくということである――「代わり」ということは、そのように自分の通常のあり方から少し抜け出て相手の領域へと近づいていくこと、相手と自分とが混ざり合う「中間領域」を形成することを要求する。これは普通の人間にとっては難しいことだろう。類い希な芸術的感性を持った人だけに可能なことのようにも思われる。しかも、ここで私が考えている「中間領域」は、動物との間のそれだけではない。宇宙のありとあらゆる万物との「中間領域」へと出ることである。

宇宙人になる――別の生

「宇宙人とは結局私たち自身のことでしかないという可能性に立って」と先ほど言った。これは単なる言葉遊びではない。それは、宇宙において唯一であると想定される知能としての人間が、宇宙の広さに相当するほどの大きな使命を帯びているという重大な帰結をもたらす。そしてそれこそが、万物の「代わり」として生きるということである。しかしそのためには、私たちは決して今のままで良いわけではない。ドゥルーズの「生成変化」という概念をもう一度参照すれば、私たちは宇宙の万物と「地球人」との「中間領域」へと一歩踏み出していかなければならないと言うことができるだろう。「宇宙人とは私たち自身のことだ」という言葉の真の意味はそこにある。私たちは宇宙人にならなければならない。もちろん私たち地球人が、現在の状況のまま「宇宙人」になれるわけではない。「中間領域」へ出ることは常に困難なことである。私たちは私たちの生を変えなければならない。

しかももう一つの「使命」が私たちに課されていることも忘れてはならない。人類登場以来の「知の歴史」の全体を引き受けるということである。「知を持った生命」としてこの宇宙の中にたったひとり存在するかもしれない私たちは、宇宙の万物の「代わり」をしなければならないのと同時に、私たちがこれまでに作り出した「知」の総体、壮大なエピステーメーを引き受けて生きなければならない。個々の文明や文化を統合するのではない。そのそれぞれの個別性をそのままに引き受けつつ、守り育てていくことが必要である。私たちはこれまでの人類の歴史から「残った者」として生きなければならないのである。

フーコーが最後にたどり着いた「別の生」。それを生きるということについて私が今考えているのは、以上のような二つの使命を帯びた生である。すなわち、宇宙を視座として生きる宇宙人としての生、人類の歴史の残りのものとしての生――この生の内実がいったいどんなものになるのか、どんなものであるべきなのか、それこそ私たち、現代に生きる者が自ら問うべき問いであろう。

あとがき

何か重い荷物を下ろしたような感覚である。フランス留学時代にドゥルーズやフーコーから受けた衝撃に始まって、先輩たちとともに読書会で読んだバルト、精神分析家や精神科医とのつきあいから読み始めたラカン、彼らが皆いなくなってしまった時にあふれんばかりの知を与えてくれたアガンベン、そして自ら招き共に時間を過ごしたジャン・ウリ。「はじめに」では「この二〇年来」と書いたが、実は三〇年いや四〇年近い時間の重みから解放されたのかもしれない。しかしこれで終わりではない。メルロ゠ポンティの「沈殿」、ベルクソンの「イメージ」など、未だ語っていない概念も多くある。デリダのことは今も完全には理解できていない。ラカンの最奥にまではまだ届いていない。

ところで今、私はフランスのブロワという町に来ている。ラ・ボルド病院でジャン・ウリが残した「制度を使う精神療法」の実践に立ち会うためである。クラブの会議に参加し、週一回出されている（一九六〇年代からずっと！）新聞や日課表の作成にも協力している。臨床心理士である妻とともに「アトリエ・ジャポン」という活動も行っている。第6章で取り上げたコートジボワールをめぐる話に登場した「若いフランス人の医師」フィリップは、現在もラ・ボルド病院で働いていた――もちろんだいぶ年は取っていたが、私を招聘してくれたル・カルパンティエ氏とともに彼ビション氏は医師グループの中心になっていた。ここには本当に、いろんな人との出会いがある。医師、看護師、ソーシャル・ワーカー、そして何よりも多くの滞在者やデイサービスで来る人たち。畜産家、シェフ、子供たち。自分に何ができるのかは全く分からないが、新たなS1、つまり新たな始まりのシニフィアンが私に訪れるかもしれない。かなたに「新しい生」が待っていると私は感じている。

ラカンについて貴重な示唆を与えてくださった立木康介先生、忍耐強くしかも厳格に原稿を読み直してくださった名古屋大学出版会の橘宗吾氏と長畑節子氏、そして本書が完成するまで温かく見守ってくれた私の家族に、心から謝意を差し向けたい。なお、本書の出版に際しては、日本学術振興会より二〇二一年度科学研究費補助事業・研究成果公開促進費（学術図書）の助成を受けた。

二〇二一年一二月　フランス、ブロワにて

著　者

《著者紹介》

多《た》賀《が》 茂《しげる》

1957 年　京都市に生まれる
1989 年　パリ第 4 大学ソルボンヌ博士号取得
現　在　京都大学大学院人間・環境学研究科教授
主　著　『イデアと制度——ヨーロッパの知について』（名古屋大学出版会，2008 年），『医療環境を変える——「制度を使った精神療法」の実践と思想』（共編，京都大学学術出版会，2008 年）他

概念と生

2022 年 2 月 25 日　初版第 1 刷発行

定価はカバーに
表示しています

著　者　多　賀　　茂
発行者　西　澤　泰　彦

発行所　一般財団法人　名古屋大学出版会
〒 464-0814　名古屋市千種区不老町 1 名古屋大学構内
電話(052)781-5027 / FAX(052)781-0697

印刷・製本 ㈱太洋社　　ISBN978-4-8158-1058-0
乱丁・落丁はお取替えいたします。

人名索引

ア　行

カ　行

サ　行

タ　行

ナ　行

ハ　行

マ　行

ヤ　行

ラ　行

事項索引

ア　行

カ　行

サ　行

タ　行

ナ　行

ハ　行

マ　行

ヤ・ラ行

参考文献

邦訳の出版年のあとの（　）内は原典の出版された年，そこに2つ以上の年が記載されている場合は初版とそれ以降の版の年である。邦訳については，私が参照した版の出版年のみを挙げている。

序　章

ジル・ドゥルーズ，フェリックス・ガタリ『哲学とは何か』財津理訳，河出文庫，2012（1991）年

エミール・ブレイエ『初期ストア哲学における非物体的なものの理論』江川隆男訳，月曜社，2006（1908）年

第1章

ジル・ドゥルーズ『意味の論理学』上・下，小泉義之訳，河出文庫，2007（1969）年

――『差異と反復』上・下，財津理訳，河出文庫，2007（1969）年

――『シネマ1　運動イメージ』財津理・齋藤範訳，法政大学出版局，2008（1983）年

――『ジル・ドゥルーズの「アベセデール」』國分功一郎監修，KADOKAWA，2015（1996）年（DVD）

――『ドゥルーズ　書簡とその他のテクスト』宇野邦一・堀千晶訳，河出書房新社，2016（2015）年

ジル・ドゥルーズ，フェリックス・ガタリ『アンチ・オイディプス――資本主義と分裂症』上・下，宇野邦一訳，河出文庫，2006（1972）年

――『千のプラトー――資本主義と分裂症』上・中・下，宇野邦一他訳，河出文庫，2010（1980）年

ミシェル・フーコー「劇場としての哲学」蓮實重彥訳，『ミシェル・フーコー思考集成』Ⅲ，筑摩書房，1999（1994，初出は1970）年

第2章

ジル・ドゥルーズ『フーコー』宇野邦一訳，河出書房新社，1987（1986）年

ミシェル・フーコー『狂気の歴史――古典主義時代における』田村俶訳，新潮社，1975（1961，72）年

――『臨床医学の誕生』神谷美恵子訳，みすず書房，1969（1963）年

――『言葉と物――人文科学の考古学』渡辺一民・佐々木明訳，新潮社，1974（1966）年

——『知の考古学』中村雄二郎訳，河出書房新社，1970（1969）年

第 3 章

フェリックス・ガタリ『分子革命——欲望社会のミクロ分析』杉村昌昭訳，法政大学出版局，1988（1977，80，2012）年
——『闘走機械』杉村昌昭監訳，松籟社，1996（1988）年
ジル・ドゥルーズ『フーコー』宇野邦一訳，河出書房新社，1987（1986）年
ミシェル・フーコー『監獄の誕生——監視と処罰』田村淑訳，新潮社，1977（1975）年
——『性の歴史 I　知への意志』渡辺守章訳，新潮社，1986（1976）年
——『〈知への意志〉講義——コレージュ・ド・フランス講義 1970–1971 年度』（ミシェル・フーコー講義集成 1），慎改康之・藤山真訳，筑摩書房，2014（2011）年
——『安全・領土・人口——コレージュ・ド・フランス講義 1977–1978 年度』（ミシェル・フーコー講義集成 7）高桑和己訳，筑摩書房，2007（2004）年

第 4 章

互盛央『フェルディナン・ド・ソシュール——「言語学」の孤独，「一般言語学」の夢』作品社，2009 年
『フロイト全集』14，新宮一成他訳，岩波書店，2010 年
ジャック・ラカン『精神分析の四基本概念』小出浩之他訳，岩波書店，2000（1973）年
——『精神病』上・下，小出浩之他訳，岩波書店，1987（1981）年
——『精神分析の倫理』上・下，小出浩之他訳，岩波書店，2002（1986）年
——『無意識の形成物』上・下，佐々木孝次他訳，岩波書店，2005（1998）年
エリザベト・ルディネスコ『ジャック・ラカン伝』藤野邦夫訳，河出書房新社，2001（1993）年
Jacques Lacan, *Écrits*, Seuil, Paris, 1966.
——*Le Séminaire livre XI : Les Quatre concepts fondamentaux de la psychanalyse*, Seuil, Paris, 1973.
——*Autres écrits*, Seuil Paris, 2001.
——*Le Séminaire livre VI : Le Désir et son interprétation*, Édition de La Martinière et le Champ Freudien Éditeur, Paris, 2013.

第 5 章

西川長夫『パリ五月革命私論――転換点としての 68 年』平凡社新書，2011 年
ロラン・バルト『零度のエクリチュール』渡辺淳・沢村昂一訳，みすず書房，1971（1953，64）年
――――『ミシュレ』藤本治訳，みすず書房，1974（1954）年
――――『神話作用』篠沢秀夫訳，現代思潮社，1976（1957）年
――――『ラシーヌ論』渡辺守章訳，みすず書房，2006（1963）年
――――『モードの体系――その言語表現による記号学的分析』佐藤信夫訳，みすず書房，1972（1967）年
――――『S/Z――バルザック「サラジーヌ」の構造分析』沢崎浩平訳，みすず書房，1973（1970）年
――――『表徴の帝国』宗左近訳，新潮社，1974（1970）年
――――『彼自身によるロラン・バルト』佐藤信夫訳，みすず書房，1979（1975）年
――――『恋愛のディスクール・断章』三好郁朗訳，みすず書房，1980（1977）年
――――『明るい部屋――写真についての覚書』花輪光訳，みすず書房，1985（1980）年
――――『いかにしてともに生きるか――コレージュ・ド・フランス講義 1976-1977 年度』（ロラン・バルト講義集成 1），野崎歓訳，筑摩書房，2006（2002）年
――――『〈中性〉について――コレージュ・ド・フランス講義 1977-1978 年度』（ロラン・バルト講義集成 2），塚本昌則訳，筑摩書房，2006（2002）年
――――『小説の準備――コレージュ・ド・フランス講義 1978-1980 年度』（ロラン・バルト講義集成 3），石井洋二郎訳，筑摩書房，2006（2003）年
――――『喪の日記』石川美子訳，みすず書房，2009（2009）年
エリック・マルティ，アントワーヌ・コンパニョン，フィリップ・ロジェ『ロラン・バルトの遺産』石川美子・中地義和編・訳，2008 年
Roland Barthes, *Œuvres complètes* I, II, III, Seuil, Paris, 1993-95.（のちに 5 巻本で増補をつけて再版されており，日本語版の全集は後者に基づいている）
――――*La Préparation du roman I et II : Cours et séminaires au Collège de France*（*1978-1979 et 1979-1980*), Seuil/ IMEC, Paris, 2003.

第 6 章

ジャン・ウリ『コレクティフ――サン・タンヌ病院におけるセミネール』多賀茂・上尾真道・川村文重・武田宙也訳，月曜社，2017（1988，2005）年

ドミニック・オフレ『評伝アレクサンドル・コジェーヴ――哲学，国家，歴史の終焉』今野雅方訳，パピルス，2001（1990）年
ロジェ・カイヨワ『遊びと人間』清水幾太郎・霧生和夫訳，岩波書店，1970（1958，1967）年
アレクサンドル・コジェーヴ『ヘーゲル読解入門――『精神現象学』を読む』上妻精・今野雅方訳，国文社，1987（1947）年
佐々木孝次『文字と見かけの国――バルトとラカンの「日本」』太陽出版，2007年
ブルース・フィンク『後期ラカン入門――ラカン的主体について』村上靖彦監訳，小倉拓也他訳，人文書院，2013（1995）年
G. W. F. ヘーゲル『精神現象学』長谷川宏訳，作品社，1998年
エリザベト・ルディネスコ『ジャック・ラカン伝』藤野邦夫訳，河出書房新社，2001（1993）年
Alexandre Kojève, *Introduction à la lecture de Hegel*, Gallimard, Paris, 1980（1947, 68）.
Jacques Lacan, *Le Séminaire livre XVII : L'Envers de la psychanalyse*, Seuil, Paris, 1991.
———*Le Séminaire livre XVI : D'un Autre à l'autre*, Seuil, Paris, 2006.
———*Le Séminaire livre XVIII : D'un Discours qui ne serait pas du semblant*, Seuil, Paris, 2006.
———« Radiophonie », in *Autres écrits*, Seuil, Paris, 2004.
———« Conférence à l'Université de Milan », https://ecole-lacanienne.net/wp-content/uploads/2016/04/1972-05-12.pdf
Marcelle Marini, *Jacques Lacan*, Belfond, Paris, 1986.
Jacques-Alain Miller, « Semblants et *sinthomes* », in *La Cause freudienne*, 2008/2, No. 69.

第7章

ジル・ドゥルーズ「ジルベール・シモンドン　個体とその物理―生物的発生」三脇康生訳，『ドゥルーズ・コレクション1　哲学』所収，河出文庫，2015（1966）年
フェリックス・ガタリ『分子革命――欲望社会のミクロ分析』杉村昌昭訳，法政大学出版局，1988（1977，80，2012）年
———『機械状無意識――スキゾ分析』高岡幸一訳，法政大学出版局，1990（1979）年
———『カオスモーズ』宮林寛・小沢秋弘訳，河出書房新社，2004（1992）年
———『リトルネロ』宇野邦一・松本潤一郎訳，みすず書房，2014（2007）年

——『人はなぜ記号に従属するのか——新たな世界の可能性を求めて』杉村昌昭訳，青土社，2014（2011）年
ジル・ドゥルーズ，フェリックス・ガタリ『アンチ・オイディプス——資本主義と分裂症』上・下，宇野邦一訳，河出文庫，2006（1972）年
——『千のプラトー——資本主義と分裂症』上・中・下，宇野邦一他訳，河出文庫，2010（1980）年
フランソワ・ドス『ドゥルーズとガタリ——交差的評伝』杉村昌昭訳，河出書房新社，2019（2007）年
マルセル・プルースト『失われた時を求めて 2　スワン家のほうへ II』吉川一義訳，岩波文庫，2011 年
Gilles Deleuze, Félix Guattari, *L'Anti-Œdipe*, Minuit, Paris, 1972.

第 8 章

神崎繁『フーコー——他のように考え，そして生きるために』NHK 出版，2006 年
ミシェル・フーコー『言葉と物——人文科学の考古学』渡辺一民・佐々木明訳，新潮社，1974（1966）年
——「外の思考」豊崎光一訳，『ミシェル・フーコー思考集成』II 所収，筑摩書房，1999（1966）年（編者の一人，小林康夫により訳語に若干の修正が加えられている）
——『〈知への意志〉講義——コレージュ・ド・フランス講義 1970–1971 年度』（ミシェル・フーコー講義集成 1）慎改康之・藤山真訳，筑摩書房，2014（2011）年
——『生者たちの統治——コレージュ・ド・フランス講義 1979–1980 年度』（ミシェル・フーコー講義集成 9）廣瀬浩司訳，筑摩書房，2015（2012）年
——『真理とディスクール——パレーシア講義』中山元訳，筑摩書房，2002（2016）年
——『主体の解釈学——コレージュ・ド・フランス講義 1981–1982 年度』（ミシェル・フーコー講義集成 11）廣瀬浩司・原和之訳，筑摩書房，2004（2001）年
——『自己と他者の統治——コレージュ・ド・フランス講義 1982–1983 年度』（ミシェル・フーコー講義集成 12）阿部崇訳，筑摩書房，2010（2008）年
——『真理の勇気——コレージュ・ド・フランス講義 1983–1984 年度』（ミシェル・フーコー講義集成 13）慎改康之訳，筑摩書房，2012（2009）年

第 9 章

アウグスティヌス『告白』（世界の名著 14），山田晶訳・解説，中央公論社，1968 年
ジョルジョ・アガンベン「絶対的内在」『思考の潜勢力――論文と講演』所収，高桑和巳訳，月曜社，2009（2005）年
宇佐美達朗『シモンドン哲学研究――関係の実在論の射程』法政大学出版局，2020 年
坂口ふみ『〈個〉の誕生――キリスト教教理をつくった人びと』岩波書店，1996 年
チャールズ・ディケンズ『我らが共通の友』中，間二郎訳，ちくま文庫，1997 年
ジル・ドゥルーズ『スピノザと表現の問題』工藤喜作他訳，法政大学出版局，1991（1968）年
――「内在――ひとつの生…」小沢秋広訳，『ドゥルーズ・コレクションⅠ（哲学）』所収，河出文庫，2015（1995）年
ジル・ドゥルーズ，フェリックス・ガタリ『千のプラトー――資本主義と分裂症』中，宇野邦一他訳，河出文庫，2010（1980）年
――『哲学とは何か』財津理訳，河出文庫，2012（1991）年
ヨハネス・ドゥンス・スコトゥス『存在の一義性――定本 ペトロス・ロンバルドゥス命題註解』花井一典・山内志朗訳，哲学書房，1989 年
山内志朗『存在の一義性を求めて――ドゥンス・スコトゥスと 13 世紀の「知」の革命』岩波書店，2011 年
Gilles Deleuze, « L'Immanence:une vie », *Deux régimes de fous textes et entretiens 1975-1995*, Minuit, Paris, 2003.

第 10 章

ジョルジョ・アガンベン『幼児期と歴史――経験の破壊と歴史の起源』上村忠男訳，岩波書店，2007（1978）年
――『言葉と死――否定性の場所にかんするゼミナール』上村忠男訳，筑摩書房，2009（1982）年
――『ホモ・サケル――主権権力と剥き出しの生』高桑和巳訳，以文社，2003（1995）年
――『アウシュヴィッツの残りのもの――アルシーヴと証人』上村忠男・廣石正和訳，月曜社，2001（1998）年
――『残りの時――パウロ講義』上村忠男訳，岩波書店，2005（2000）年
――『例外状態』上村忠男・中村勝己訳，未來社，2007（2003）年
――『思考の潜勢力――論文と講演』高桑和巳訳，月曜社，2009（2005）年

———『身体の使用——脱構成的可能態の理論のために』上村忠男訳，みすず書房，2016（2014）年

終　章

スティーヴン・ウェッブ『広い宇宙に地球人しか見当たらない50の理由——フェルミのパラドックス』松浦俊輔訳，青土社，2004（2002）年
「宇宙の人間学」研究会編『なぜ，人は宇宙をめざすのか——「宇宙の人間学」から考える宇宙進出の意味と価値』誠文堂新光社，2015年